人口与日本经济

人口と日本経済：長寿、イノベーション、経済成長

[日]吉川洋 著　殷国梁　陈伊人　王贝贝 译

九州出版社
JIUZHOUPRESS

前　言

　　20 世纪 90 年代初泡沫经济崩溃之后，日本的经济和社会都进入了一条长长的隧道之中。从那时至今这长达四分之一世纪的闭塞感并不是某一个单独的原因造成的，但在 21 世纪已经过去了六分之一的今天，人们常把人口减少作为一个负面因素提出来。

　　人口，可以说是思考 21 世纪日本的关键词。本书的目的就是尝试探讨人口与经济的关系。人口堪称"人类历史总决算"，是十分复杂的现象，很难仅凭某个现有学科阐明其全貌。因此本书从根本上来说，应该算是关于经济与人口的关系的随笔集。

　　经济学这门学问成立于 18 世纪，当时的欧洲也正处于人口爆炸的时代。亚当·斯密等经济学家自然对人口问题展开了热烈的讨论。其中，马尔萨斯的《人口原理》最为有名，任何人在探讨人口问题时都会想起这部名著。本书第 1 章在简要回顾人口问题的历史之后，会依次介绍 18 世纪的马尔萨斯、同为英国经济学家并在 20 世纪上半叶研究了人口减少对经济的影响的凯恩斯以及先于其他国家着手解决人口问题的瑞典经济学家们。

自古以来，关于人口问题，人们曾经从"过多""过少"等相反立场进行过各种探讨。在今天的日本，人口减少已经催生出许多问题，对社会保障、财政以及地域社会产生的影响尤为严重。第 2 章将对这些问题进行探讨。

人口减少的确是重要问题，不过在日本，人们在考虑经济增长问题时，"人口减少悲观论"有些过于严重了。第 2 章后半部分还会做详细阐述，决定发达国家经济增长的不是人口，而是创新。一些人认为，劳动人口数量的减少导致日本今后很难实现经济增长，能保持零增长就已经不错了。另一方面也有一些人担心，AI（人工智能）的发展会逐渐夺走过去由人类从事的工作。这些问题也将在第 2 章予以讨论。

从 19 世纪末期开始，欧洲的人口减少趋势越来越明显，这并不符合马尔萨斯的"人口原理"。该原理认为，人均收入增加之后，儿童数量也将增加，人口规模将会扩大。达尔文曾从马尔萨斯的理论中获得灵感，自从他写出《物种起源》以后，人们普遍认为，在生物世界中，生物的数量也会随食物的增加而增加。然而在人类社会，在收入水平较高的国家，人口却开始出现了减少。与此同时，人们的寿命开始显著延长，这也是马尔萨斯曾强烈否定的。说到"差距"，人们往往首先会想到收入差距，但其实在寿命方面也存在

"差距"。寿命的延长也与创新有着密切关联。第 3 章将探讨人口减少与寿命的问题。

无论是人口还是寿命，都会受到"人均"收入的极大影响。"创新"能够提高人均收入，也是推动发达国家经济增长的源泉。

不过话说回来，经济增长是一件好事吗？经济增长有什么意义？这也是很久之前就有人提出过的疑问。在经济学领域，以 19 世纪的知识巨人约翰·斯图尔特·穆勒的"零增长理论"最为著名。归根结底，这些问题最后都会归结为一点：对人类来说，经济意味着什么，21 世纪的日本必须对此做出回答。第 4 章将会探讨这个内容。

目　录

经济学是如何考虑人口问题的

"人口问题"是 21 世纪日本面临的最大问题。

2012 年 1 月，日本国立社会保障及人口问题研究所公布了未来人口预测数据，指出日本在 2110 年的人口为 4286 万人。日本在 2015 年的人口为 1 亿 2711 万人（根据 2015 年国势调查），因此这意味着在今后 100 年期间，日本人口将减少至现有数量的三分之一。如此大规模的人口变化，无疑将给日本经济和社会带来巨大影响，因为对一个社会来说，生活在其中的人的数量，即人口，是最基本的数据。

第 1 章首先简单介绍整个人类历史中的人口变化情况，然后再回顾一下经济学是如何看待人口问题的。

日本的人口

首先来看日本的人口。关于日本人口，在第二次世界大战之前，就有许多学者运用人类学等知识进行过各种推算。

例如，在大正时代（1912—1925 年），就有一位名叫泽田吾一的学者率先对日本人口做过推算。泽田是一位特立独行的数学家，他毕业于东京大学物理系，作为理学学士在东京高商（现一桥大学）工作，后来当上了教授。1920 年，在 60 岁前夕，泽田突发奇想，又进入东京大学文学部日本国史系就读，获文学学士学位，并将余生贡献给了奈良时代的人口推算研究。他根据平均每个乡的纳税人数（17 至 65 岁男子）、全国的乡数、全国人口中成年男子的比例等，推算出日本在奈良时代的人口为 600 万人。表 1-1 中的 451 万人略少于泽田的推算，应该是反映了之后的研究成果。

这些数值是 1200 年之后的推算，不过奈良时代的中央政府其时是实时掌握全日本的人口数据的。在 7 世纪末，从持统天皇时期开始，日本每隔六年就会编制一次全国户籍，详细记录居民的姓名、年龄、性别以及家庭关系。这些文书由国司分别呈报给中央的中务省和民部省。除了每六年编制一次户籍，日本每年还会进行名为“计账”的统计，目的是用来征税。民部省的主计官会根据这个数据来编制国家预算。总之，奈良时代每隔六年就会通过户籍进行一次全国人口普查。不过 9 世纪以后，户籍编制变为十二年一次，乃至数十年一次,最终在 10 世纪彻底中断。此后,日本的人口统计长期处于空白状态。后来,在江户时代的"人别改"(江户时代的人口普查)之后,日本在明治时代才又重新开始了近代人口普查。人口普查的历史如实反映出奈良时代是中央集权制国家的巅峰阶段。

关于日本的人口,历史人口学家曾出版过优秀著作进行解读。表 1-1 便是鬼头宏在《从人口看日本历史》(2000年)一书中总结的日本人口的演变情况。

表 1-1　日本人口的演变

公历(年)	时代、年号	人口(人)
公元前 5200	绳纹前期	10 万 6000
公元前 4300	绳纹中期	26 万 0000
公元前 3300	绳纹后期	16 万 0000
公元前 2900	绳纹晚期	7 万 6000
公元前 1800	弥生时代	59 万 5000
725	奈良时代	451 万 2000
1150	平安末期	683 万 7000
1600	庆长 5 年	1227 万 3000
1721	享保 6 年	3127 万 9000
1798	宽政 10 年	2987 万 0000
1834	天保 5 年	3262 万 6000
1873	明治 6 年	3229 万 7000
1890	明治 23 年	4131 万 0000

公历（年）	时代、年号	人口（人）
1920	大正 9 年	5596 万 3000
1950	昭和 25 年	8389 万 8000
1975	昭和 50 年	1 亿 1194 万 0000
1995	平成 7 年	1 亿 2557 万 0000

出处：鬼头（2000）。

一般认为，在绳纹时代晚期，地球气候变冷导致落叶林中可采摘的果实减少，导致了人口急剧下降。其后，从遗留的零散记载来看，奈良时代以后的人口既有迅猛增长的时期，也有停滞不前的阶段。在江户时代的前 100 年期间，即17 世纪，日本人口出现了显著增加，但进入 18 世纪后，从第八代将军德川吉宗到幕府末期，又陷入了停滞阶段。

进入明治时代以后，日本人口再次呈现出爆炸式的急速增长。但 20 世纪 20 年代以后，城市开始出现少子化趋势。在第二次世界大战结束后不久（1947—1949 年），日本出现了暂时的人口暴增，形成了"团块世代"。1975 年以后，人口增长率急剧下降，在 2004 年迎来 1 亿 2779 万的峰值之后，日本不可避免地步入了人口减少的时代。

虽然历史上也出现过人口略减的情况，但还从未有哪一个时代的人口在 100 年期间减少到三分之一。从现在开始的

100 年里，我们将迈入人类史上前所未有的人口减少时代。

中国的人口

无论在东方还是西方，文明发达的地区都是自古便留有关于人口的记录。

今天，中国拥有世界最多的 13 亿 7000 万人口，但秦代（公元前 221—公元前 207 年）之前的人口情况已经无法得知。不过，《汉书·地理志》中记载了西汉平帝元始二年（公元 2 年）的人口数据。班固编撰的《汉书》是历代王朝"正史"中第二古老的历史书，仅次于司马迁的《史记》。其中的《地理志》中有关于日本的最早记录，即"夫乐浪海中有倭人，分为百余国"。想必很多看过日本历史教科书的读者都记得这一点吧。著名的《魏志》成书于 3 世纪，在《倭人传》中记载了女王卑弥呼统治的邪马台国。而《汉书》的问世则要比《魏志》更早 200 年。

根据《汉书·地理志》的记载，公元 2 年，汉朝的"户"数，即家庭数为 1223 万 3062 户，"口"数，即人口数为 5959 万 4978 人。与日本奈良时代的户籍情况相比，中

国在其 700 年前的汉代不仅已经有了户籍，还会在每年 8 月
开展名为"案比"或"算人"的人口普查。每年进行人口普
查并不是出于好奇，而是为了准确征收人头税，即"算赋"。
自古以来，国家关注人口，最首要的原因都是出于征税和征
兵这两个需要。

加藤（1944）认为，从《汉书·地理志》之后的历代
正史中提取相关年份，可以总结出中国的人口演变情况如表
1-2 所示。

表 1-2　中国人口的演变

公历（年）	朝代、皇帝、年号	人口（人）
2	西汉、平帝、元始 2 年	5959 万 4978
57	东汉、光武、中元 2 年	2100 万 7820
726	唐、玄宗、开元 14 年	4141 万 9712
1110	宋、徽宗、大观 4 年	4673 万 4784
1578	明、神宗、万历 6 年	6069 万 2856
1792	清、高宗、乾隆 57 年	3 亿 746 万 7279

出处：加藤（1944）。

在历史上，由于中国的地理版图经常变化，正史记载的
人口数据的准确性当然还存在讨论的余地，如今也仍有这方
面的专门研究。不过根据表 1-2，我们还是能够从整体上掌

握中国的人口变化。

从公元 2 年至 57 年的短短 50 余年期间，中国的人口居然减少到了之前的三分之一。抛开统计的精确度问题，这段时期应该是内乱带来的杀戮和饥荒等导致了人口的剧减。事实上，生活在东汉末年混乱时期的诗人蔡琰，在《悲愤诗》中生动地描述了当时社会的惨状。蔡琰曾被北方的少数民族掳走，在历经艰辛回到故国时，她目睹了中国北方"白骨不知谁，纵横莫覆盖"的悲惨景象。人口的急剧减少就发生在这样的背景之下。在漫长的人类历史中，确实也曾经有过这样的时代。

此后至唐代的 650 年期间，中国人口增长了一倍，平均年增长率为 0.1% 以上。但是，从唐代至宋代的 400 年期间，根据正史记载的数据，年均增长率还不到 0.03%，人口增加极为缓慢。

著名的东洋史泰斗内藤湖南在对中国史进行时代划分时，认为中国的"近代"始于宋代。进入宋代以后，中国人口再次出现显著增加，堪称"爆炸式增长"。推动人口增加的除了农业技术的发展，还有烹调方法的进步，可以将各种动植物当作食材来使用。这便是如今在世界各地都能见到的"中国料理"。在中国，不仅食材种类丰富多样，而且佐料的使用也非常独特，其发达程度可以与医药领域的中药相媲美。这些因素都促进了人口的增加。尤其是在宋代经济繁荣的江南地区，人口增长更为显著。北宋时期，中国人口在历史上首次超过了 1 亿人。进入南宋以后，人口在 13 世纪的最初十年迎来巅峰，此后开始减少（伊原及梅村［1997］）。

最后到了清帝国时期，尽管也有将周边地区纳入自己版图的原因，人口也确实进入了堪称"爆炸"的增长时期。在最强盛的乾隆时期（1735—1795 年），中国已经成为拥有 3 亿人的人口大国。18 世纪促进中国人口增加的因素，除了技术进步推动农业生产不断扩大，纳税负担的减轻也使人们的生活变得更为富裕（何炳棣［1959］）。

1949 年中华人民共和国成立以后，随着死亡率的下降，中国人口再次开始快速增长，到 1979 年的短短 30 年期间，就由 5 亿人变为 9 亿人，增至原来的 1.8 倍。当时毛泽东把人口看作衡量国力的指标。但是，由于粮食产量难以实现同步增长，中国政府从 1979 年开始严格实施人口控制政策，即"独生子女政策"。即便如此，中国如今也有 13 亿 7000万人口，是世人皆知的世界第一人口大国。

虽然曾经为了解决庞大的人口问题而实施严格的"独生子女政策"，但在 2015 年秋，中国政府却做出决定，废止了已经持续 30 多年的"独生子女政策"。如此巨大的政策转变，象征着中国从年均经济增长率 10% 的"高速增长"时代进入了"中高速增长"阶段，即年增长率 7% 左右的"新常态"。在经济增长率下降的同时，21 世纪中国的人口老龄化程度急速加深。为了实现年增长率 7% 的目标，必须增加劳动力的数量。这就是中国人口政策发生变化的背景。

世界的人口

前面介绍了日本和中国的人口。那么，自从 700 万年前人类在非洲诞生以来，整个地球人口又经历过怎样的变化呢？整体来看，世界人口在历史上是不断增加的，根据增加速度的不同，大体上可以分为三个阶段（利维-巴齐［2012］）。

第一个阶段，是指从 700 万年前人类诞生到旧石器时代结束。这一时期的人口当然只能是基于多个假设的粗略估算。不过一般认为，从公元前 3 万 5000 年至公元前 3 万年，旧石器时代全球人口最多也不会超过几十万人，年增长率不到 0.01%。虽然是在增加，但速度极为缓慢。那时，要经过漫长的 8000 年岁月，人口才能增加一倍。

　　进入始于公元前 1 万年左右的新石器时代以后，全球人口发生了较大的变化。手握新石器的人类已经能够伐倒巨大的树木，并开始发展农业和畜牧业。在此之前以狩猎采集的方式过着流动生活的人类，逐渐借助农业和畜牧业实现了粮食自给，过上了定居的生活。用今天的经济学概念来讲，当时的人均收入水平由此获得了飞跃性的提升。因此，当时的人口增长率不断提高。不过也有观点认为，定居导致了死亡率不断上升。如后文将会介绍的，在 20 世纪之前，相比于田园地区，人口密集的城市并不利于人类的生存。为了保持良好的卫生环境，在这一时期，流动生活也许比定居更有优势。不过即使人类的定居确实导致了新石器时代死亡率的升高，但出生率的提高足以抵消这一因素，因此人口还是增加的，而且年均增加率达到了 0.04%。按照这个速度，全球人口在不到 2000 年的时间里就增加了一倍。如此一来，世界人口在新石器时代开始的公元前 1 万年只有 600 万人左右，在公元 1 年前后便增至 2 亿 5000 万人。不过了解到这一时期人们的平均寿命仅为 20 岁，我的心情又变得十分复杂。

　　在公元元年以后，一些地区也曾经历过人口骤减的时期。例如，在从公元 1000 年前后人口开始显著增加的欧洲，在 1340 年至 1400 年的短短 60 年内，受"黑死病"的影响，人口减少至三分之二，即每 3 人中就有 1 人丧生。不过全世界人口仍然以年均 0.06% 的速度持续增加，在 18 世纪中期的"工业革命"前夕达到 7 亿 5000 万人。

工业革命为世界人口带来了一大转机。从那时一直到现在，产业的中心由农业转为工业，人类此前从未经历过的持续性"经济发展"拉开了序幕。人均收入飞速上升的同时，人口出现了爆炸式增长。年均增加率达到 0.6%，与之前的 0.06% 相比，提高到了 10 倍。之后的 200 年里，世界人口增至原来的 10 倍。在 20 世纪最后一年 2000 年，世界人口已经超过了 63 亿。而且，到 2025 年，世界人口将达到 80 亿人，到 21 世纪末将达到 100 亿人。

生物学家的研究表明，体重 60 公斤左右的"大型杂食动物"的合理密度为每平方公里 1.5 头。如今在非洲等地区，仍有人过着亲近自然的狩猎生活，据说他们的人口密度是每平方公里 3 人左右，但整个地球的平均人口密度已经达到每平方公里 44 人，几乎是"合理密度"的 30 倍，这说明地球人口已经明显过剩（长谷川［2015］）。

在日本，人口减少是一个重大问题，但从全球范围来看，人口增长的问题依然严峻。与其说是全球性问题，人口减少也许更应该说是日本等部分国家的问题。

人口过剩的烦恼

回顾漫长的人类历史，某些时代人口急剧增长，而某些时代却又转为减少。在这些过程当中，有时"人口过剩"即人口过多会成为重大的社会问题，有时人口减少也会成为难题，比如现在的日本。

在过去的传统社会，收入水平不足以维持人们的生活，人口过剩常会成为严重的问题。古希腊哲学家柏拉图、亚里士多德的著作就已经提出了控制人口的必要性。在日本，"弃老"传说广为人知，这也可以说是"减少人口"的一种终极做法。

进入明治时代以后，日本政府也曾为了解决人口过剩问题而鼓励日本人向海外移民。在太平洋战争爆发前夕的1940年，共计76万日本人居住在海外（根据日本外务省《昭和15年侨居海外日本人调查》及木村健二《近代日本人的海外移民》[表1]）。"侨居海外的日本人"中包含在海外旅居数年的短期逗留者，不含侨居后加入外国国籍的日本人，不能准确对应"移民的人数"，但由此可以得知大概的人数。

1930 年，创立了《文艺春秋》杂志社的文坛巨匠菊池宽在闭塞感日益严重的时代背景下写下了以下文章：

　　造成就业困难、生活困难等问题的原因有很多，但我认为归根结底还是人口过多……要缓解就业困难与生活困难，除了减少人口再没有其他好办法了。为什么不限制生育呢？如此显而易见的举措却未被迅速实施，实在是令人不可思议。东京市等地方偶尔会有一些具有先见之明的副职官员想推行限制生育的措施，但每当此时，就会有内务省的某些医学博士大言不惭地横加干涉。人口过多将导致国家灭亡，当政者却不实施限制生育政策，真让人百思不得其解。（《此刻的感想》，载于《改造》昭和 5 年 7 月号）

1931 年 5 月，在"九一八"事变之前，事变主谋、关东军参谋板垣征四郎大佐在演讲中指出日本侵占中国东北地区的必要性，将人口问题列为其理由之一：

> 帝国国土狭小，资源匮乏。每年增加六十万人口，却仅有两万移居海外。（鹿岛和平研究所编《日本外交史18满洲事变》，鹿岛研究所出版会）

在第二次世界大战之后，大家对人口问题仍持有相同看法。在日本经济开始高速增长的1955年，大内兵卫、有泽广巳、胁村义太郎、美浓部亮吉等四位经济学家撰写《日本经济图说》一书指出，日本人口密度排名世界第三，认为"我国国土的人口抚养能力极其薄弱"，并得出以下结论：

> 从上述情况来看，我国的就业形势可以说已经达到极限。因此，为了使仍在递增的劳动力人口有业可就，日本必须进一步扩大现在的产业规模。但无论这一目标能否实现，失业者的增加都是难以避免的。
>
> 第二次世界大战以后人口过剩问题在今后将更为重要。（《日本经济图说》）

当然，通过推动海外移民来解决过剩人口的国家不仅仅是日本。众所周知，从19世纪到20世纪，大量人口从爱尔兰、意大利、德国等欧洲国家移居到拥有"新世界"之称的美国。电影《泰坦尼克号》即展现了蜗居底舱三等客房的移民满怀着不安和希望向美国进发的场景。

截至 20 世纪上半叶，就连许多发达国家也持续受到人口过剩问题的困扰。当然，其中并非没有例外。法国在 1870 年至 1871 年与邻国德国的普法战争中失败以后，就一直面临着"人口减少"的严重问题。

那么，经济学家是如何看待人口问题的呢？在探讨这个问题之前，我们先来看看 18 世纪至 19 世纪之前欧洲的人口增加。这个问题也是《人口原理》作者马尔萨斯登上历史舞台的契机。

近代欧洲的"人口爆炸"

西方各国通过工业革命，打开了"近代经济发展"这个"潘多拉的魔盒"。那么，他们那里的人口状况如何呢？在 1750 年，包括法国、德国、英国等西欧国家和瑞典等北欧国家在内的"欧洲"人口为 6000 万至 6400 万。与前文提到的乾隆 57 年（1792 年）中国拥有 3 亿人口相比，我们不得不再次感叹中国人口之多。不过到了 1850 年，欧洲人口也增加到了 1 亿 1600 万人，即在 100 年里增加了大约一倍。按照这个数据计算，这一时期欧洲人口的年均增长率为 0.7%，也可以称作"人口爆炸"了。

欧洲在 12 至 13 世纪以及 15 世纪下半叶至 16 世纪也曾经出现过如此高速的人口增长。不过那些时期的人口增长分别因 14 世纪和 17 世纪的饥荒及传染病终止，之后人口又转为减少。与这两次相比，始于 18 世纪下半叶的人口增长的特点是，尽管爱尔兰在 19 世纪 40 年代发生了饥荒等情况，但从全欧洲来看，人口没有再出现"开倒车"的现象。较为新兴的学科"历史人口学"领域对这一问题进行了十分详细的研究，接下来就介绍一下这方面的相关成果（Anderson［1988］）。

正如前面介绍的，1750 年至 1850 年的 100 年里，欧洲人口从 6000 万人倍增至 1 亿 1600 万人。如果分别从出生率和死亡率来剖析其原因，各国情况的差异非常大。这 100 年期间，死亡率在各个国家均呈现出持续下降，但出生率在各国之间出现了很大区别。英国 1750 年的出生率为 3.4%，到 1820 年上升至 4.0%。历史人口学多以每 1000 人、千分之一等数值来表示出生率，但本书采用讨论经济问题时常用的百分之一、即每 100 人的数值来表示。无论哪种方法，表示的都是包含男性及儿童的"平均人口出生率"，而不是如今日本通常采用的"总和生育率"，即"平均每位女性一生生育的孩子数量"。

在英国，出生率的上升带来了人口的增加。而法国则与之形成了鲜明对比。法国在 1750 年左右的出生率为 4%，为欧洲最高，但在 100 年之后却降低至 2.5%，成了欧洲最低水平。在这段时期，法国经历了大革命及后来拿破仑发动的战争。拿破仑的战争导致大量年轻男性战死疆场。在法国，出生率的下降抵消了死亡率下降的影响，人口几乎没有增加。另一方面，在瑞典等北欧国家，虽然出生率几乎没有变化，但死亡率的降低带来了人口的增加。

如上所述，在 18 世纪至 19 世纪上半叶，欧洲处于"人口爆炸"时期，但各国人口增长的情形不尽相同。这也说明人口动态是一个非常复杂的现象，很难轻易解释清楚。

经济学家的人口观

自古以来，人口问题就受到人们的广泛关注，当然也有许多学者对这一问题做过探讨。在工业革命推动经济发生巨大变化的过程中，在 18 世纪迎来人口爆炸的欧洲，经济学家作为全新学科的承担者，自然地对人口问题展开了研究。

尽管详细论述过程可能略有不同，当时的标准观点是，人口众多是社会富裕的象征，反之则是社会贫困的表现。被誉为"经济学之父"的亚当·斯密（1723—1790 年）在《国富论》（1776 年）一书中曾作如下阐述：

> 在任何国家，衡量其繁荣程度的最明确的尺度都是人口的增加数量。（《国富论》第八章"论劳动工资"）

需要注意的是，这里说的是"人口的增加数量"，而不是人口本身的多寡。另外，亚当·斯密还指出，带来（实质）工资"提高"的不是 GDP（国内生产总值）的规模，而是持续的"增长"。

除了亚当·斯密，还有不少经济学家也相信人口增加是好事。约瑟夫·熊彼特（1883—1950 年）就经济学史留下了浩瀚著作，他在书中指出，在 18 世纪中期之前，经济学家都是"人口膨胀主义者"：

> 无一例外，经济学家均认为人口众多、人口增加是

好事。在 18 世纪中期之前，与其他问题相比，众人在这一点上的意见要一致得多。人口规模大、人口增加是财富最重要的象征，同时也是创造财富的主要原因。不仅如此，有学者甚至认为人口本身就是财富——一个国家所能拥有的最大资产。（《经济分析史》第五章）

马尔萨斯的《人口原理》

马尔萨斯正是在这时引起了大家的关注。他生活在欧洲"人口大量增加时期"，他的《人口原理》（1798 年初版）对后世带来的影响力无与伦比。很多读者一定听说过这本书。

罗伯特·马尔萨斯（1766—1834 年）

罗伯特·马尔萨斯于 1766 年出生在英国的萨里地区，他是一名富裕的农场主的次子，他的父亲曾与卢梭和休谟都有往来。马尔萨斯曾在剑桥大学耶稣学院求学，毕业后当选为耶稣学院院士，成为家乡牧师候选人。两年之后，马尔萨斯匿名出版了第一版《人口原理》，当时他年仅 32 岁，还是单身。马尔萨斯后来与同时代著名经济学家大卫·李嘉图（1772—1823 年）多次展开论辩，留下了《政治经济学原理》《价值尺度、说明和例证》等著作，但他还是将年轻时所著的《人口原理》视为自己的代表作，直到 60 岁之际发行第六版为止，他在近 30 年的漫长岁月中一直对这本书不断进行修订。然而遗憾的是，凯恩斯（1883—1946 年）在为自己的老师马歇尔所写的传记当中，曾对《人口原理》做出如下评价：

　　在经济学领域，杰出的学术著作在教育上或许是有用的。每一代人可能都需要一本这样的著作。但是，现实中的经济是不断变化的，游离于现实的经济理论只会徒劳无功，考虑到这一点，为了确保经济学的持续进步和现实意义，想构建新经济学的人就应该多创作一些小册子，而不是大部头的学术专著……《人口原理》原本是具有讨论性质的小册子，但马尔萨斯却在第 2 版时将它改成了学术著作而毁掉了这本书。李嘉图的许多伟大成果基本都是以小册子的形式面世的……经济学家们应该把撰写大作的荣耀全都让给亚当·斯密一人，自己则必须紧紧抓住时代的核心问题，专心从事广泛传播小册子的工作。尽管有时，他们也会因为命运的偶然赢得不灭的价值……（Keynes, J. M. "Alfred Marshall, 1842–1924"）

被凯恩斯评为最精彩的初版《人口原理》，的确是一本具有明确批判对象的讨论性书籍。也就是说，这本书的创作宗旨是正面批判当时英国政府推行的《济贫法》，全盘否定了以英国的威廉·戈德温和活跃在革命后的法国的尼古拉·孔多塞为代表的"进步史观"。马尔萨斯在论述中所依据的正是他有名的"人口原理"。

人口原理

《济贫法》产生于亨利八世、伊丽莎白一世等统治下的

16 世纪都铎王朝，主要内容是国家以税收为财源来救济贫困人口，类似今天日本的生活保障等制度。在马尔萨斯所处的 18 世纪末，英国政府又对此进行了改革，计划提高向贫困阶层支付的薪资水平。针对这一改革方案，马尔萨斯提出了猛烈的抨击。

身为牧师，马尔萨斯不可能对穷人的困苦漠不关心。他曾在剑桥大学求学，所提出的批判都是极为理性的。人口问题是他批判的焦点。

年轻的马尔萨斯在讨论人口问题时，是从以下两条公理入手的：

第一，食物为人类生存所必需。

第二，两性间的情欲是必然的，且几乎会保持现状。

马尔萨斯宣称，这两个原则是亘古不变的"自然法则"。因此，在粮食充裕的地方，人口会增加，但这将带来严峻的现实问题。也就是说，只要不受控制，人口就会按几何级数增长，而粮食却只能按算术级数增长。马尔萨斯列出下列数列来说明这个问题：

> 设世界人口为任一数目，比如说十亿，则人口将按
> 1、2、4、8、16、32、64、128、256、512 这样的比例增
> 加，而生活资料将按 1、2、3、4、5、6、7、8、9、10
> 这样的比例增加。

谈到马尔萨斯的《人口原理》，任何人都会首先想到这个命题。马尔萨斯认为人口在粮食充足时会按几何级数增长，这并不是毫无根据的妄断。他以美国为例，认为美国可以满足人口增加的条件。原为英国殖民地的美利坚合众国发布独立宣言是在 1776 年，当时马尔萨斯 10 岁。在被称为新英格兰的北部各州，人口每 25 年就会增加一倍。根据这一数据，马尔萨斯认为，人口和粮食即便在最初能够保持平衡，但很快便会出现缺口。他是这样论述的：

> 225 年后，人口与生活资料之比将为 512 比 10，300
> 年后，人口与生活资料之比将为 4096 比 13。

数量方法

马尔萨斯《人口原理》初版发行的 1798 年，正值日本的宽政 10 年。江户时代到这时已经历了近 200 年，被称为经世家的儒学家们出版了大量经济、政治方面的著作。但在当时的日本，与和算（指日本独自发展的数学）及天文学领域不同，一般来说，社会、经济方面的讨论几乎都不会有数据的佐证，只停留在纯粹思辨式的探讨阶段。

而早在 17 世纪下半叶的英国，威廉·配第（1623—1687 年）便出版了《政治算术》（1690 年），主张对人类社会现象也必须像研究自然一样进行定量分析。配第曾是医生，他与牛顿等一道参与了英国皇家学会的创设，是位万能型人物。在这个时代，数量化方法已经不仅限于物理学，在人类社会的研究中也成了关键因素。这是当时的日本（东方）与欧洲的巨大差别。

配第写道：

作者立论的方法和态度，也就是我写这本书所采用的方法，在现在还不太常见。这是因为，我不会只用比较级和最高级的词汇，也不会进行思辨性讨论，而是使

用数量（Number）、重量（Weight）或尺度（Measure）
等来表述自己的观点（作为我从很早以前就坚持探索的
政治算术的一个示例），我只凭借能够述诸感觉的论述，
只考察能够在自然中可以实际看到其基础的各种原因。
我采用的就是这种流程（Course），至于那些受每个人的
变化、意见、喜好、激情等左右的各种原因，便交由其
他人来考察好了。（《政治算术》）

马尔萨斯的考察继承了配第的精神。依据美国等许多国
家人口增加的数据以及反映英国农业现状的数据，他确信，
如果没有粮食等终极因素的限制，人口将按几何级数增加。

那么现实中，人口会受到哪些限制呢？马尔萨斯指出，
担心生育了孩子却无法把它养活的恐惧心理以及由此导致的
晚婚化和不婚化可以限制人口增加。在社会上，这种限制应
该能在贫困阶层中发挥作用。在指出现实中确实有许多男佣
和女佣未能结婚的基础上，马尔萨斯提出，调查未婚者数量
在全部人口中所占的"未婚率"，便能够明确某个国家的人
口是在增加还是在减少。他还严谨地指出，未婚率归根结
底只与人口的"增减"密切相关，与人口的多寡即人口"水
平"没有关联。

接下来，马尔萨斯由此展开对《济贫法》改革的批判。显而易见，改革《济贫法》、提高薪酬标准的目的是想改善挣扎在贫困中的人们的生活水平。但马尔萨斯提出了下列观点：即使提高薪酬水平可以暂时改善贫困阶层的生活水平，或者不如说如果这种做法收到了良好效果，结果却只会导致人口增加，使这些人的生活不得不再次陷入与以前一样的悲惨境地。马尔萨斯认为，只要粮食总供给不变，即使对贫困阶层进行收入再分配，也无法长期改善他们的生活状态。马尔萨斯的"辛辣"论述继续指出，如果有很多人明明难以养活家庭却偏要结婚，导致人口增加，最后就只能由饥饿或疾病来限制人口。相比这种悲惨的情景，贫困阶层最好从一开始就认识到抚养家庭的艰辛，直接放弃结婚，从而使人口得到控制，这样反而要更好。

《人口原理》一书的中间部分（第七章结尾处）再一次简要地概括了支撑马尔萨斯观点的严密逻辑，即"当生活资料增加的时候，人口总是增加。较强的人口增殖力，为贫困和罪恶所抑制，因而实际人口同生活资料保持平衡"。马尔萨斯的这些主张后来遭到卡尔·马克思（1818—1883年）的猛烈批判。

关于交易条件

　　马尔萨斯与亚当·斯密、大卫·李嘉图并列为英国古典经济学的代表人物。他强调，要实现人口增长，必须增加粮食总供给量。那么如何促使粮食增加呢？《人口原理》中记载了青年马尔萨斯关于薪酬和物价等的美好设想。正如凯恩斯所言，初版《人口原理》的魅力在于作为争论性著作的尖锐性，而不是"年轻时代所写下的经济学"。

　　我无意在这里深入探讨《人口原理》中的经济学，只想谈及其中一点，即关于粮食供给赶不上人口增加的问题。这正是《人口原理》的基本命题。许多增加的人口都是在工业革命新催生的"工业"部门中谋生的。农业生产确实发展十分缓慢，正如马尔萨斯以算术级数为例所强调的，但工业不同于农业，工业可以实现高速发展。如果英国把自己擅长的工业产品卖给土地充裕的"新世界"，再将那里生产的粮食运回国内会怎样呢？这样的话，英国不就能不受国内有限土地的制约，依靠进口的农产品养活众多人口了吗？

　　对马尔萨斯而言，大卫·李嘉图是他一生的论敌。李嘉图认为"自由贸易"会给英国带来利益。也就是说，英国完全可以专注发展具有国际竞争力的工业，在出口工业产品的同时，从外国进口农产品。他从这个立场出发，认为英国应该废除对小麦等农产品征收的高额关税。

但马尔萨斯认为，英国应该坚持使用关税来保护本国农业。马尔萨斯的主张背后隐含的观点是，出口工业产品、进口农产品的确可以"暂时"增加可供国内消费的粮食，但农业与即使不断扩大规模也能保持一定生产率的工业不同，即便在土地充裕的"新世界"，随着新土地被不断开拓出来，农业的生产率也将逐渐下降。其结果就是，与工业产品的价格相比，农产品的价将会逐渐上涨。一般来讲，与生产率较高的产品价格相比，生产率较低的商品和服务的价格会更高。例如许多家电产品的价格不断下降，而理发等服务的价格却在相对上涨。

如果英国在出口工业产品的同时进口农产品，那么随着农产品价格逐渐上涨，英国将不得不在不利的"交易条件"下开展贸易。交易条件是指一个国家国向外国出口 1 单位商品，能够换得多少进口商品的交换比例。具体来说，交易条件就是出口商品价格除以进口商品价格得到的进出口商品的价格比。就英国而言，其"交易条件"便是工业产品价格 / 农产品价格。马尔萨斯认为，从长期来看，这个交易条件将会对英国越来越不利。因此，进口农产品并非解决人口问题的根本对策。事实上，在 21 世纪日本经济的长期停滞过程中，交易条件的恶化也扮演了重要角色。

人类社会进步了吗

在《人口原理》后半部分，马尔萨斯将批判的矛头由《济贫法》转向了戈德温和孔多塞等人的"进步史观"以及具有理想色彩的"平等社会"。

英国的戈德温和法国的孔多塞高度宣扬人类社会是不断"进步"的。对于二人的进步史观，马尔萨斯持反对意见。他认为，人类历史可以说是人口与粮食之间的格斗史，充斥着悲惨和恶德。

孔多塞著有《人类精神进步史表纲要》，后来在法国大革命后的混乱中丧命。对于这位高举自由、平等、博爱旗帜的狂热的革命支持者，马尔萨斯的态度始终都比较冷淡。

　　　他看到世界上最开化的国家之一的人类精神，在开
　　化几千年以后，竟然会在各种可憎恶的、即使最野蛮的
　　时代最野蛮的部落也引以为耻的感情——恐怖、残忍、

恶意、报复心、野心、狂热和放荡等等的骚扰下堕落，他的人类精神必然而不可避免地会进步的想法当会受到极大的打击，以致不管他表面表现得如何，只有靠他对自己的原理的真实性抱有极其坚定的信心，才能经受住这种打击。(马尔萨斯,《人口原理》)

马尔萨斯的用辞很尖刻。用他的话来讲，法国大革命本身从一开始就是"愚行的极致"。

对法国大革命，人们的看法主要可以分为两类。一类是积极肯定的，认为它将人类从封建压迫的桎梏中解放出来，开启了近代社会的大门。法国大革命高举的自由、平等、博爱理念，在今日仍被视为人类的理想。在日本，应该也是这种积极评价占有优势。

另一方面，著有《对法国大革命的反思》的埃德蒙·伯克（1729—1797 年）和马尔萨斯所代表的英国保守主义者们从正面否定了法国大革命，认为它是人类历史上的愚蠢行为。他们认为，既然人类的理性存在极限，那么听任理性引导建设理想社会的尝试就必然会遭遇挫折。社会的发展应该遵循在漫长的历史进程中过滤下来的智慧，即"传统"。

马尔萨斯在《人口原理》中特别批判了孔多塞和戈德温

等作为理想提出的"平等社会"。他认为，在人口与粮食互相较量的"自然法则"之下，不平等是不可避免的。

很明显，按照我们本性的必然法则，有些人必定会因匮乏而受苦。这些不幸的人在生活的大抽彩中抽了空彩。这种索取者的人数很快就会超过剩余生产物的供应能力。

这些话里透露着满不在乎的语气。接着，马尔萨斯又进一步说道：

用仁爱取代自爱作为社会的推动力，非但不会带来有益的结果，反而会使人对这一漂亮字眼感到失望，而且还会使现在只是一部分人感受到的困苦被整个社会所感受到。天才人物的全部卓越努力，人类心灵的所有美好而细腻的感情，实际上文明状态区别于野蛮状态的一切东西，有哪一样不是人赖于现行的财产制度，有哪一样不是仰赖于表面狭隘的自爱心呢？现行的财产制度和自爱心是人类得以上升到目前这一高度的梯子。文明人的本性尚未发生足够大的变化，使我们能够说他现在或将来能抛开这个梯子而不摔下来。

根据马尔萨斯的观点，如果人口与粮食同步增长，贫困不复存在的话，恐怕人类就会贪图安逸，而无法从野蛮状态中摆脱出来。正是因为有贫困的压力，人类才通过不懈努力推动了文明的进步。

马尔萨斯把人口与粮食的不均衡以及贫困控制人口的机制称为"自然法则"。翻开《人口原理》，你会感觉尽管这是一本关于人类社会的书，但马尔萨斯观察人类社会的目光却仿佛是在观察虫类世界。事实上，查尔斯·达尔文（1809—1882 年）正是从《人口原理》中获得了很大灵感，由此创作出生物进化领域的不朽名著。在《物种起源》（1859 年）的绪论中，达尔文写道：

> 第 3 章要讨论世界上一切生物的生存斗争，这一现象是生物按几何级数增加的必然结果。这正是马尔萨斯理论在动植物界的具体应用。由于每种生物繁殖的个体数，远远超出其可能生存的个体数，因而常常会引起生存斗争。（达尔文，《物种起源》）

可见，达尔文从马尔萨斯的《人口原理》中获得了著名的自然淘汰（natural selection）这个灵感。

凯恩斯的"人口论"

距马尔萨斯时代 100 年之后，在 20 世纪上半叶，凯恩斯是众所周知的英国经济学家。从年轻时开始，凯恩斯就很倾慕同为剑桥大学出身的经济学家马尔萨斯，还为他写过传记。凯恩斯也非常关注人口问题，尽管这不太为人知晓。

大学毕业后，凯恩斯在印度事务部工作了几年，但他逐渐厌倦了公务员的生活，便返回母校剑桥大学教授经济学（1908 年）。在第一次世界大战爆发前的 1914 年 5 月，这位年轻的教师讲授了一门名为"人口"的课程。直到 20 世纪末，一直躺在剑桥大学档案室深处的讲义草稿（未收入凯恩斯全集）才被人发现（Toye［2000］）。

约翰·梅纳德·凯恩斯（1883—1946 年）

　　从年轻时起，凯恩斯的才气便得到了周围的认可，不过他成为"英国的凯恩斯"而闻名世界则是在写出了畅销书《和平的经济后果》之后（1919 年）。

　　第一次世界大战结束以后，战胜国在法国召开巴黎和会，凯恩斯作为英国政府的随员参加了此次会议。会上缔结的《凡尔赛和约》完全反映了主持会议的战胜国法国的意向，对战败国德国提出极为苛刻的赔偿要求。凯恩斯一针见血地指出，这份条约丝毫无助于欧洲的稳定与和平，只是毫无现实意义的复仇行为。在抗议之后，他向英国外交使团递交了辞呈。之后，凯恩斯一气呵成，写出了《和平的经济后果》，这部全球畅销著作被翻译成包括日语在内的 13 国语言。

在《和平的经济后果》开头部分，凯恩斯指出，第一次世界大战宣告了一个时代的终结。这是当时拥有时代洞察力的欧洲智慧的共同认识，也是之后的历史印证了的正确认识。

凯恩斯写道，虽然处于极端混乱之中，但法国、德国、意大利、奥地利、荷兰、俄罗斯、罗马尼亚、波兰仍是一个统一的世界，拥有共同的欧洲文明。然而，这个欧洲正濒临危机，而且是"人祸"导致危机不断恶化。所谓"人祸"，正是《凡尔赛和约》。

凯恩斯的阐述从对第一次世界大战前欧洲的分析开始。回顾历史，在 19 世纪末之后的 50 年里，看似稳固的欧洲繁荣实际上却如同沙丘上的楼阁一般，建立在不稳定的经济之上。进入 19 世纪 70 年代之后，伴随欧洲人口的大幅增长，前往新大陆的移民越来越多。新大陆的不断开拓使农产品的供给急速增加。到世纪之交的 1900 年前后，与工业产品的价格相比，农产品价格一直在相对地下降。对于出口工业产品、进口农产品的欧洲而言，"交易条件"在朝着有利的方向变化。如果让马尔萨斯来看，这只是在现实中不可能存在的"黄金之城"，但在 19 世纪下半叶的欧洲，这种幸运却延续了几十年。

这一幸运使欧洲得以讴歌繁荣。但随着 1914 年 6 月的一声枪响，所有繁荣都化作了灰烬。在繁荣的几十年里，马尔萨斯曾经警告世人的人口增长压力的恶魔一直被锁链牢牢锁着，但此刻这个恶魔再次骚动起来。

《和平的经济后果》在前言之后开始分析现状，最先提及的主题正是"人口"。凯恩斯呼吁人们注意，德国在 1870 年拥有 4000 万人口，但在 1914 年已经剧增至 6800 万。人口快速增加的原因在于，德国由半自给自足的农业国转变成了工业国。他认为是人口的增加催生了德国的扩张主义，把全世界都拖入大战之中。

进入 20 世纪以后，曾给欧洲带来繁荣的有利"交易条件"在大战之前就已经开始不断恶化。"黄金之城"的时代未及大战爆发，便已成为过去。

在繁荣的 19 世纪，财富的不平等通过储蓄的形式推动了经济发展。一个国家创造出的财富如果均分给所有国民，那么将会全部被人们消耗殆尽，整个社会就不会形成储蓄。而由于不平等的存在，富裕的有钱人会拥有储蓄，将其用于资本积累，才推动了经济社会的发展。也就是说，不平等是人类社会实现进步的"必要之恶"。这是 19 世纪保守主义者们的观点。

但是，第一次世界大战破坏了这种社会秩序。人们难以再期待储蓄具备推动经济发展的积极意义。不被用于投资的储蓄只是单纯的"不消费"，会给经济带来"需求不足"的弊端。新的时代由此拉开了帷幕，不平等不再是经济增长的源泉，而成了桎梏。

在这个历史大转变时期，世界又蒙受了第一次世界大战的灾祸。欧洲面临着巨大的危机，然而《凡尔赛和约》却出于孩子气般的复仇心理，对德国提出苛刻的赔偿要求。这将与战后重建的方向渐行渐远，催生出新的危机。《和平的经济后果》一书将理想与历史图景以及冷静的现状分析绝妙地交织在一起，为年轻的凯恩斯赢得了不可动摇的声名。

人口减少的经济后果

1937 年，即《和平的经济后果》问世 18 年后，凯恩斯在马尔萨斯人口问题研究所发表了演讲，题目是《人口减少的经济后果》。在前一年的 1936 年，凯恩斯推出其代表作《就业、利息和货币通论》，完成了被后世称为"凯恩斯经济学"的经济学理论的构建。

不同于竭力宣扬人口增长压力之祸的马尔萨斯所处的时代，凯恩斯所处的 20 世纪 20 至 30 年代，英国面临的问题是"人口减少"对经济的影响。除了英国，在普法战争（1870—1871 年）中战败的法国也早从 19 世纪末就已开始面对本国人口与邻国德国相比趋于减少的危机感。时代变了，此时人口减少已经成了一个严峻的问题。

凯恩斯认为，英国迎来了由人口增长走向人口减少的大转变时期，未来将是一个与过去截然不同的世界。他尤其重视人口对投资的影响。与马尔萨斯和李嘉图的时代不同，工业已经成为经济的主要力量。与使用锄头和铁锹的农业有着天壤之别，工业必须具备工厂、机器等大规模的"资本存量"。每年都进行设备投资，才能使资本不断扩大。这一点不难理解，如同向水池中注水。某个时间点水池中存储的水量便是"存量"，相当于资本。每分钟流入水池的水量便是"流量"，对应着每年的投资。

一个国家的经济在一年里创造的生产总额（国内生产总值，GDP）是流量，由人们的消费、投资以及出口和公共投入等政府支出构成。从我们的日常生活也可以发现，消费一般不会发生剧烈的变化。相比之下，企业的投资则堪称"脱缰的野马"。这种投资的起伏不定形成了资本主义经济特有的"景气循环"。这是凯恩斯在 1936 年出版的《就业、利息和货币通论》一书中提出的观点。因此，在考虑人口由增加转为减少这一长期性转变时，凯恩斯首先研究的是人口变化对投资的影响。

长期来看，投资是由哪些因素决定的呢？其中之一正是人口。人口决定了经济的规模。但人口也不是唯一的因素。能够提升人们生活水平的"技术进步"也会对投资产生重要影响。此外，资本的"耐久性"也是决定投资的重要因素。资本的"耐久性"不太容易理解。为了解释这里所说的"资本耐久性"，举例应该是最便于理解的方法。比如说以住所为例，与游牧民族的移动帐篷相比，用石头建造的坚固公寓当然是"耐久性"更高的资本存量。与汽车相比，自行车则是耐久性较低的"资本"。总之，同样都是创造相同服务和生产力的"资本"，越大越耐用的东西作为资本的耐久性越高。

凯恩斯认为，从这个视角来看历史，19 世纪维多利亚女王时代的文明便都是以庞大、耐久的东西为特征的。我们在伦敦的街角看到用石头建造的壮丽建筑，便能得到这样的印象。而 20 世纪的文明则不同于维多利亚女王时代，是

"轻量化"的时代。在人们普遍将"轻薄短小"视作便利的特征的今天，我们自然很容易理解凯恩斯的这个观点。

为了构建具有较高耐久性的大型资本存量，自然需要庞大的投资。而较小较轻的资本则只需要较少的投资就可以了。既然在 20 世纪已经不能寄希望于耐久性较高的大规模的资本存量，那么能产生投资的主要因素就只剩下人口的增加和提高生活水平的"技术进步"了。但是，能充分推动投资的技术进步还没有指望，而且，人口也在减少。因此，凯恩斯警告说，在第一次世界大战之后的英国，如果不采取任何措施，投资将不得不陷入缺乏动力的困境。

投资堪称资本主义的引擎，一旦投资不足，经济将会陷入萧条。这就是凯恩斯在 1936 年出版的《就业、利息和货币通论》中提出的结论。尽管制造产品的机器和工厂十分充足，但由于产品生产出来也卖不出去，即市场需求不足，人们便会失业，机器设备也将停止运转，陷入闲置状态。这便是经济萧条，即"富裕中的贫困"。

恶魔 P 与恶魔 U

凯恩斯提出的"需求不足的宏观经济学"的源头其实可以追溯到马尔萨斯。与李嘉图截然相反，马尔萨斯是支持地主阶级的。针对那些认为地主阶级的奢侈消费如同猎鹿一般，对社会利益毫无裨益，纯粹是无用的浪费的观点，马尔萨斯反驳道，地主阶级的消费看似浪费，但却可以带来就业机会。

马尔萨斯年轻时认为过剩人口会导致恶德和悲惨，凯恩斯便根据人口（Population）一词的英文首字母，把这种恶德和悲惨命名为"恶魔 P"。此外，他还把马尔萨斯晚年提出的失业（Unemployment）问题，称为"恶魔 U"。在 19世纪上半叶之前，恶魔 P 在漫长的人类历史中显示出巨大的威力。在人口减少的 20 世纪，我们又由于投资过少而处于恶魔 U 的阴影之下。

法国历史学家让·德吕莫认为，恐怖一直徘徊在人类社会中。历史上，天灾和传染病等"自然"是人类面临的最大威胁。进入 20 世纪以后，两次世界大战爆发，核武器以及恐怖袭击等又成了恐怖的来源。此外，失业和贫困等经济问题也对人类社会造成很大的威胁。2014 年的调查数据显示，在欧盟七国当中，所有国家都有半数以上的人认为"孩子这一代在未来的生活将会比父母这一代更加艰辛"（Global Attitude Survey，Spring，2014）。在日本，NHK 也曾在 2016 年以当年刚刚获得选举权的 18 至 19 岁年轻人为对象展开过问卷调查。其结果显示，被调查者中有 38.4%"认为日本的将来是光明的"，有 60.9%"不认为将来光明"，更多的人会对未来感到担忧。可见，凯恩斯在 20 世纪 30 年代的英国发现的恶魔 U，依旧徘徊在 21 世纪的世界之中。

那么怎样才能在人口减少的情况下降服恶魔 U，享受富裕生活呢？为了弥补投资的不足，必须增加消费。在投资机会极为充裕的 19 世纪，储蓄直接与投资相连。因此，富人的储蓄可以通过资本积累的方式为经济社会的发展贡献力量。但是，那个时代已经终结。在 20 世纪，人们不再有那么旺盛的投资，必须由消费代替投资支撑有效需求。因此，必须从把收入转为储蓄的富裕阶层向将收入用于消费的普通大众进行收入的再分配。这就是在迎来人口减少时代的 20 世纪 30 年代的英国，凯恩斯所做的演讲的主要内容。

瑞典的人口论

在 18 世纪至 20 世纪上半叶的 200 年里，马尔萨斯和凯恩斯是代表当时世界经济领头羊英国的两位经济学家。前文介绍了他们是如何看待人口问题的。除了英国，我们不能忘记还有一个国家也在探讨人口问题方面做出过重大贡献，它就是瑞典。

如今，瑞典是世界闻名的福利大国，但福利大国绝非一朝实现的。在瑞典，由该国引以为豪的众多经济学家主导探讨这个问题。

克努特·维克塞尔（1851—1926 年）是瑞典经济学大家，活跃于 19 世纪末至 20 世纪初。他是著名的理论经济学家，最初正是出于对人口问题的关注而对经济学产生了浓厚兴趣。他也是一位激进的社会活动家，致力于向世人阐述自己的人口理论。

《国民经济学讲义》（瑞典语版，1901 年刊行）是维克塞尔享有盛名的著作，其第 1 卷第 1 章就是从"人口理论、人口构成与人口变动"开始的。1910 年出版的第二版《国民经济学讲义》删掉了原第 1 卷第 1 章。维克塞尔作为社会活动家在 1909 年因过激言行被捕入狱，他在服刑的两个月期间，将有关人口问题的第 1 卷第 1 章以独立的小册子的形式出版。

作为杰出的理论经济学家，维克塞尔针对人口问题的讨论堪称精彩。他对人口所做的严密的统计分析即便在今日也毫不褪色。

维克塞尔的工作的一个重要特点是讨论了对于一个国家而言的"最优人口"。人口的增加或减少固然重要，但说到底多少人口才能算"最优"人口呢？在维克塞尔之前，学者们都将一个国家能够抚养的"最大"人口作为分析"过剩人口"等问题时的标准。但最优人口与最大人口是不同的。

所谓最优人口，是指人口增长一旦超过这个标准，人均福利水平就不再上升，反而会转为下降。也就是说，最优人口指的是能使人均福利水平最大的人口。

维克塞尔在分析后得出的结论是，欧洲各国的人口已经远远超出了最优水平。因此，正确的政策应该是在数十年内推动人口减少。限制生育能够起到这个作用，但与传统的宗教观念对立。这就是维克塞尔的言论与社会发生冲突的原因。

维克塞尔还提出了其他一些引人深思的观点。有些人常常担心有意识地减少人口，会导致人口开始减少以后无法轻易逆转，最终会造成社会消亡的后果。维克塞尔认为这些担忧只不过是杞人忧天。如果想使人口增加，只要从财政上对多子女家庭提供补助，出生率很快就会上升。对于通过补助提高出生率的做法，维克塞尔表现出惊人的乐观。他强调，减少超出最优人口的过剩人口才是应该追求的目标。这正是宁可为此入狱也不悔的维克塞尔的信念。

育儿援助政策的起源

维克塞尔就像一匹孤狼，不断就人口问题奋力宣扬自己的主张。后来，冈纳·缪尔达尔（1898—1987 年，获 1974 年诺贝尔经济学奖）继承了维克塞尔的精神，但他从相反的立场出发，也对现实政策产生了很大影响。缪尔达尔同其妻子阿尔瓦合著的《人口问题的危机》一书在瑞典引起巨大反响，对长期执政的社会民主劳动党的政策产生了重要影响。缪尔达尔在旅美期间撰写了论文《人口问题与政策》，简要介绍了夫妇二人的观点，并被翻译为《缪尔达尔：福利、发展和制度》一书的第 3 章（关于缪尔达尔的信息可以参考藤田菜菜子著《缪尔达尔的经济学》）。

进入 20 世纪以后，人口减少的趋势已经变得十分明显。很多人对此表示欢迎，认为这一现象意味着"人均收入"的提高，是文明进步的象征，即人类终于摆脱了长期以来被"过剩人口"束缚的烦恼。对此，缪尔达尔夫妇大声疾呼，指出放任人口减少是错误的。

诚然，对一个人、一个家庭来讲，孩子数量的减少意味着人均收入的提高，生活也许会因此变得更加富裕。但其结果是，全国人口持续减少，将"对整个社会的所有人的生活水平产生绝对的恶劣影响"。缪尔达尔认为，限制生育给个人带来的利益并不等于整个社会的利益。

当然，缪尔达尔并不是从保守主义立场主张禁止限制生育的。他认为生育应该听由个人自由选择，必须尊重人们自愿限制生育的权利，但另一方面，就和瑞典通过公共养老金把对高龄者的援助从家庭内部的补贴转换为整个社会的制度一样，在生育、养育方面，也必须转变制度，将各个家庭的负担改为由整个社会来承担。

　　无论是否拥有孩子，市民作为纳税人都必须承担（抚养孩子的）负担……因此，人口政策的一般性策略应该是，从个人和没有孩子的家庭向拥有孩子的家庭进行

收入转移。(《缪尔达尔：福利、发展和制度》)

无须多言，这就是如今人们所说的"育儿援助政策"。此外，缪尔达尔还指出，比起现金给付，实物给付要更好。具体来讲，他建议国家实施增设托儿所数量、提升卫生及教育水平等措施。

在 20 世纪 30 年代，纳粹德国和法西斯意大利也曾实施促进人口增加的政策，但缪尔达尔强调，自己提出的人口政策与这些国家的政策截然不同。德国和意大利的目标是"促进"生育，而缪尔达尔则主张"我们应该消除妨碍普通人生活的障碍，以便人们自然而然地希望结婚和拥有孩子"。无须赘言，这正是 21 世纪发达国家"育儿援助政策"的基本思想。在先于日本采取此项政策的 70 年前，即 20 世纪 30 年代，缪尔达尔便在面临人口减少问题的发达国家瑞典，提倡新型"人口政策"，对现实政策的形成产生了重要影响。

回顾漫长的人类历史，我们可以发现，围绕人口问题的讨论一直有进有退。现在从整个地球来看，人口仍是过剩的。而另一方面，发达国家的人口减少趋势日益严重，少子老龄化催生出各种各样的社会问题。

对日本而言，人口减少的确是一个重要问题。下一章将具体介绍人口减少对社会保障、财政乃至地域社会带来了哪些问题。

人口减少的问题虽然严重，但就日本经济的"发展"而言，"人口减少悲观论"言过其实。有很多人认为在人口减少的情况下，日本经济没有未来，这种观点是错误的。因为发达国家的经济增长基本上并不依赖劳动力人口，而是由创新来驱动的。下一章将详细讨论这个问题。

第 2 章

人口减少与日本经济

2012 年 12 月组建的安倍晋三内阁提出了被称作"三支箭"的经济政策。第一支箭是零利率下的"异次元的金融缓和"政策；第二支箭是机动性财政支出；第三支箭是"经济增长战略"。三支箭构成的"安倍经济学"受到日本国内外的极大关注。过了三年之后，在 2015 年 10 月，"安倍经济学第二阶段"将"人口"列为重要的政策目标，提出"遏制少子老龄化，维持 50 年后仍有 1 亿人口"。

　　正如第 1 章开头所述，根据国立社会保障及人口问题研究所对未来人口的预测，日本人口将在 2110 年减少至 4286 万人。也就是说，在今后的 100 年里，日本现在的 1 亿 2700 万人口将减至三分之一。我们即将迎来凯恩斯与缪尔达尔曾警告过的人口减少时代，并且人口减少的速度将远超 19 世纪 20 至 30 年代的英国和瑞典。同时，正如大家都知道的，老龄化程度也将急速加深。对此，日本政府提出的目标是，到 2065 年，把人口维持在 1 亿人左右，而如果不采取任何措施，到时日本人口将减少为 8100 万。

日本会消失吗

少子化导致的人口减少和急速老龄化给日本的经济和社会带来了严重的问题。不，不只是"严重的问题"，如果人口持续减少，日本这个国家都有可能消失。

2014 年 4 月 1 日，日本的儿童数量（0 ~ 14 岁人口）为 1632.3 万人，而 2015 年 4 月 1 日，这个数值变为 1617 万人，在 1 年之内就减少了 15.3 万人。此外，到 2016 年 5 月，这个数值又减少至 1605 万人。在 1982 年以后的 35 年里，日本儿童数量一直在持续减少。东北大学研究生院经济学研究科、老化经济学及老龄经济社会研究中心（吉田浩教授）的网站（https：//sites.google.com/site/economicsofaging/）公布的"日本儿童人口时钟"显示，如果以现在的速度持续减少，日本儿童数量在公元 3776 年 8 月 14 日将只剩 1 人！那时的儿童节将会多么孤独啊！在那一天到来之前，留给我们的时间是 64 万 2870 天（从 2016 年 7 月 1 日算起）。

毫无疑问，急剧的人口减少本身是一个重要课题。即便还不至于让日本灭亡，但少子老龄化已经带来了严重问题，即"社会保障与财政负担"和"对地域社会的影响"。正如下文所述，这些严重问题已经逐渐浮出水面。

超老龄社会的社会保障

与人口减少一样，日本的老龄化程度也正在快速加深（图 2-1）。1970 年，日本的老龄化率（65 岁以上人口在总人口中的比例）超过 7%，进入"老龄化社会"；1994 年，老龄化率超过 14%，步入"老龄社会"；2007 年，老龄化率超过 21%，日本成为世界首个"超老龄社会"。2015 年的"国势调查"显示，日本的老龄化率已经达到 26.7%，现在每 4 人中就有 1 人以上是老年人。在经济高速增长时期，日本的劳动人口（15 ~ 64 岁）与老年人的比例是 11 : 1；到了 2013 年，该比例变为 2.5 : 1；2030 年，这个数字将会变成 1.8 : 1。在老龄化率预计会达到顶峰的 2060 年，二者比例将会是 1.3 : 1。

图 2-1 少子老龄化的演变

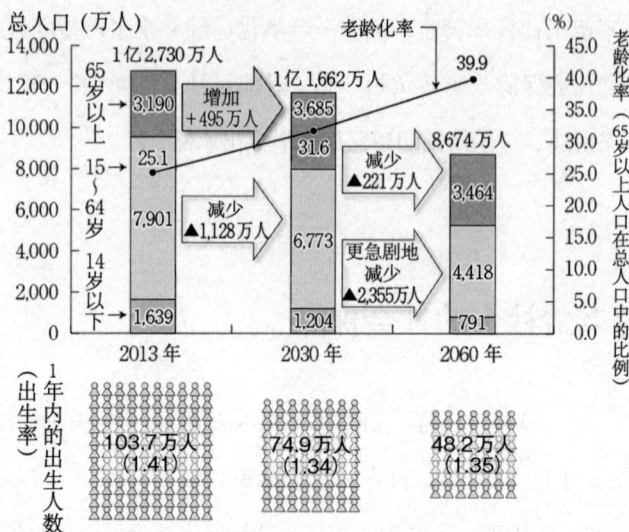

总人口（万人）　　　　　　　　老龄化率　　　　　　（%）

	2013年	2030年	2060年
总人口	1亿2,730万人	1亿1,662万人	8,674万人
65岁以上	3,190	3,685	3,464
15～64岁	7,901	6,773	4,418
14岁以下	1,639	1,204	791
老龄化率	25.1	31.6	39.9

增加 +495万人

减少 ▲1,128万人

减少 ▲221万人

更急剧地减少 ▲2,355万人

1年内的出生人数（出生率）

2013年	2030年	2060年
103.7万人（1.41）	74.9万人（1.34）	48.2万人（1.35）

出处：总务省《国势调查》；国立社会保障及人口问题研究
　　　所《日本未来人口估测（2012年1月估测）：出生年
　　　龄中位数、死亡年龄中位数估测》（各年截至10月1
　　　日的人口）；厚生劳动省《人口动态统计》。

注：数据为四舍五入后的结果，因此存在总计数不一致的情
　　况（以下同）。

　　超老龄社会给经济社会带来了严重问题。众所周知，老
年人在经济能力和健康方面的水平是参差不齐的。很多企业
的董事长和董事年纪都在65岁以上，但也有人除了养老金

以外没有其他收入来源。一些老年人很健康，但也有许多老年人患有严重疾病需要护理。公元前 4 世纪成书的中国经典著作《孟子》中就有如下记述。

　　老而无妻曰鳏，老而无夫曰寡，老而无子曰独，幼而无父曰孤。此四者，天下之穷民而无告者。(《孟子》)

　　因此，政治必须救助这些弱势群体，也就是要依靠全社会来解决"社会中的弱者"所面临的问题。虽然很难完全解决，但社会保障制度至少能够缓解这些问题。

　　如今，日本社会保障的给付（指提供现金或服务）总额为 116 万亿日元，占 GDP（500 万亿日元）的四分之一，是一个庞大的数字。对"万亿"这个单位，可能很多人都不太有概念，如果用 1 万日元纸币摞起来的话，据说 1 万亿日元能摞 10 千米那么高（作为参照，100 万日元摞起来的厚度约为 1 厘米）。在研究日本经济时，一般会用"万亿"来做基本单位。

　　社会保障支出总额中包括约占半数的养老金 56.2 万亿日元（2015 年度），然后依次是医疗费 37.5 万亿日元、护理费 9.7 万亿日元、儿童及育儿费用 5.5 万亿日元、提供给失业者的失业保险，以及被称为最后的安全网的"生活保障"费（图2-2上部）。

图2-2 社会保障支出与负担的现状（2015年度预算数据）

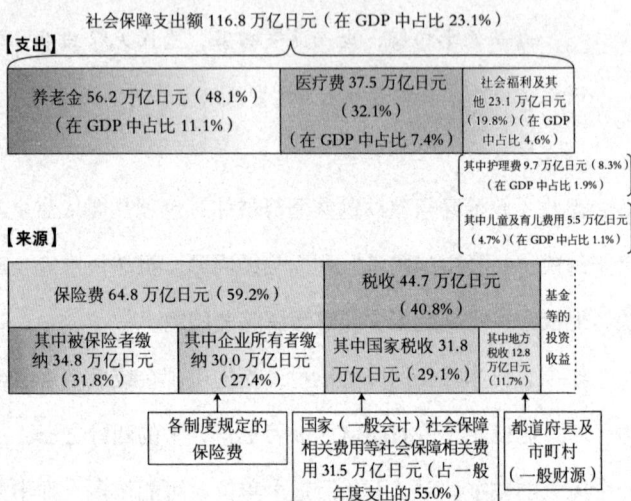

社会保障支出额116.8万亿日元（在GDP中占比23.1%）

【支出】

养老金56.2万亿日元（48.1%）（在GDP中占比11.1%）	医疗费37.5万亿日元（32.1%）（在GDP中占比7.4%）	社会福利及其他23.1万亿日元（19.8%）（在GDP中占比4.6%）

其中护理费9.7万亿日元（8.3%）（在GDP中占比1.9%）

其中儿童及育儿费5.5万亿日元（4.7%）（在GDP中占比1.1%）

【来源】

保险费64.8万亿日元（59.2%）	税收44.7万亿日元（40.8%）	基金等的投资收益
其中被保险者缴纳34.8万亿日元（31.8%） 其中企业所有者缴纳30.0万亿日元（27.4%）	其中国家税收31.8万亿日元（29.1%） 其中地方税收12.8万亿日元（11.7%）	

各制度规定的保险费

国家（一般会计）社会保障相关费用等社会保障相关费用31.5万亿日元（占一般年度支出的55.0%）

都道府县及市町村（一般财源）

注：社会保障支出的财源此外还包括资产收益等。

现金支出自不必说，社会保障所提供的服务也需要有人以某种形式承担其成本。从社会保障费的负担方来看，有六成来自劳资双方平摊的保险费用，剩下的四成则由税收承担（图2-2下部）。

此处的"税收"与我们平时所说的税收并不是完全对应的，日本目前的情况是在依靠赤字国债（指为了弥补财政赤字而发行的国债）维持运转。因此，准确地说，这里其实不是税收，而是"公费"。下文还会详细介绍，这正是日本的财政赤字的问题所在。

此外，社会保障费用来源的整体比例是保险费占六成、税收占四成。在不同的具体制度中，保险费与税收（包括国税和地税）的比例不尽相同。例如生活保障费、儿童及残疾人福利费是全部由税收承担，无须保险费负担的；而福利养老金和健康保险（组合健康保险）则全部来自保险费，没有任何税收投入；还有基础养老金、国民健康保险、高龄老年人医疗制度、护理保险等则均由税收和保险费各负担一半。以上各种多样且复杂的制度形式并不是根据明确的方针统一设计的，而多是在过去历史中不断妥协的结果。

负担了六成社会保障的保险费是由企业和当前的劳动力人口缴纳的，税收也同样来自劳动力人口的所得税等。因此，社会保障主要是由劳动力人口承担的。而另一方面，在支出方面，养老金是发放给老年人的，享受医疗、护理的也以老年人居多。日本每年的人均医疗费用是 64 岁以下为 17.5 万日元，65 ~ 74 岁为 55.3 万日元，75 岁以上为

89.2 万日元。75 岁以上的高龄老年人的人均医疗费是劳动力人口的五倍以上（厚生劳动省《2011 年度国民医疗费用概况》）。

因此，如果少子化问题导致劳动力人口逐渐减少，老龄人口随着老龄化日益增加，社会保障的支出就会持续膨胀，而其背后的资金来源却会日益缩小。在少子老龄化的背景下，必须由国家财政维持愈发艰难的社会保障。但这又导致了另一个严重问题，即国家的"财政赤字"。

财政破产危机

日本的财政赤字问题非常严重，这是众所周知的事实。2015 年年底，国家和地方（都道府县和市町村）的合计公债余额，即国债和地方债共计为 985.2 万亿日元，与 GDP 的比例高达 195.1%。

国债（也包括地方债，为了方便表述，下文一律称为国债）是国家的借款，所以是必须偿还的，差 1 日元也不行。也有人认为，日本的国债已经不可能还清了。实际上，2016 年年末的国债（不包括地方债）余额为 838 万亿日元，除以全国从刚出生的婴儿到 100 岁老人的总人口 1 亿 2619 万人，可以得出日本的人均国家债务是 664 万日元。那么四口之家的负债是多少呢？想到这里，任何人都会忍不住叹气。

不过其实这里存在一个误解。国债确实是国家借的债，但实际上国债是不需要把每一日元都还清，让余额变为零的。或者说如果国债余额为零，金融政策就无法顺利实施了。除了始于 2013 年 4 月的"异次元的金融缓和"政策以外，普通"货币"（基础货币）也是以中央银行从民营银行等购买国债的方式来供应的。因此，现实中并不应该出现国债余额为零的状态。

那么，财政赤字的问题到底是什么？问题是每年的财政赤字导致持续增加的国债余额过多。以积在船底的水来比喻的话，船底如果积水过多，就会像泰坦尼克号一样沉入海底。那么积多少水，船才会沉没呢？这个问题无法一概而论。因为对泰坦尼克号般的巨轮和小小的渔船来说，答案自然不同。我们必须根据船底积水量与船只大小的相对关系，才能判断危险程度。国债的余额也是如此，船只大小相当于经济规模大小，即 GDP 的多少。因此反向来看，表示财政破产危险程度的标准也可以用来表示财政健全性，用国债余额对 GDP 的比例来表示。

国债余额与 GDP 的比例处于怎样的水平之下可以认为财政是健全的呢？虽然没有绝对唯一的正确答案，不过欧盟规定成员国必须"将国债与 GDP 的比例保持在 60% 以下"。事实上，2008 年金融危机之后，世界经济不景气，导致各国的财政收支都不断恶化（税收减少的同时支出增加），但许多发达国家的国债与 GDP 比例仍能维持在 100% 以下。相比之下，日本的国债与 GDP 比例（准确地说是包含地方债在内的公债与 GDP 比例）如前所述，已达到 200%，并且仍在持续上升，毫无下降的迹象。这就是日本的财政赤字问题。如果这种情况一直持续下去，日本财政终将会在某个时刻破产。

有人认为，日本的财政状况并没有国债与 GDP 的高比例显示得那么糟糕，宣扬财政破产危险只是危言耸听。这种观点一般有以下几种根据。例如，国债是国家的债务，但是国家承担债务的同时也持有资产。从债务扣除资产的"纯"债务来看，日本的财政并没有那么严重。但就算国家持有"资产"，也不应挪用养老金准备金或者卖掉办公楼等来偿还债务。从日本现状来看，根据纯债务来判定财政状况不严重的观点缺乏说服力。

还有一种观点认为，之前财政破产的希腊的大部分国债

是外国人持有的，但日本的国债由日本人（包括日本银行和
民营金融机构等）持有，所以无须担心。但是说到民营企业
的股价，还会有人认为股东是外国人就会有风险，是日本人
就不必担心吗？其实，股价与股东的国籍无关，是由公司的
经营能力、技术能力、市场销售等基本条件决定的。归根结
底，国债的基本条件还是"财政的健全性"。因此，认为日
本国债的持有者是日本人，所以不用担心的观点基本上是错
误的。总而言之，日本的公债/GDP 比例超过了 200%，财
政处于很严峻的状况。就像前面说过的，这种情况持续下
去，破产将不可避免。

财政赤字为何会持续扩大

那么，日本的财政究竟是如何恶化到如此地步的呢？船
底的积水（存量）是每小时由缺口灌入的水（流量）累积而
成的。同样的道理，现时点的国债余额（存量）无疑也是过
去每年的财政赤字（流量）累积形成的。

图 2-3 是过去 40 年里日本财政收支（一般会计）的发
展过程。从这个图表可以发现，财政赤字的扩大始于日本进

入平成年代后不久，即20世纪90年代初泡沫经济崩溃之后。经济形势好的话，财政赤字就会缩小，反之就会扩大，这是不可否认的真理。实际上，图2-3中的财政赤字也是每年都会有些波动。但从图2-3整体来看，日本的财政赤字确实存在可以说是"结构性"的长期问题，这是无法只靠经济增长解决的。

图 2-3　年度支出与年度收入的变化

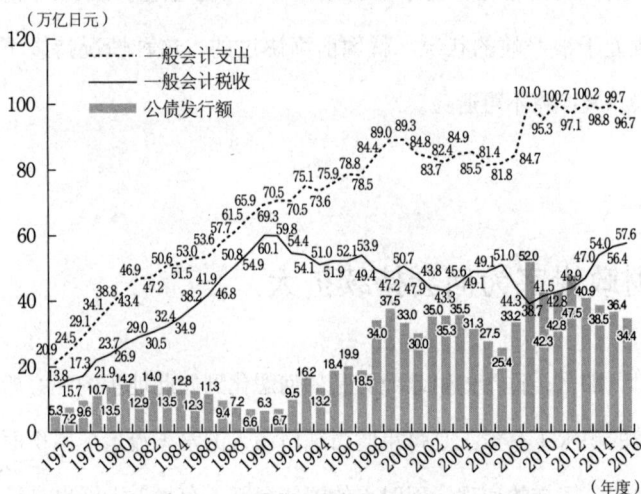

出处：财务省。

财政赤字就是年度支出（根据预算使用的资金）和年度收入（税收等缴纳给政府的资金）的差额。无论是年度支出的增加还是税收的减少，或者是两种情况同时发生，均会导致财政赤字的扩大。下面再看一下年度支出的情况。

预算是时代的镜子。年度支出反映了经济社会的变化，其主要内容也会随着时代的变化而变化。图 2-4 体现了年度支出中各部分比例的变化。

图 2-4　一般会计的主要年度支出的变化

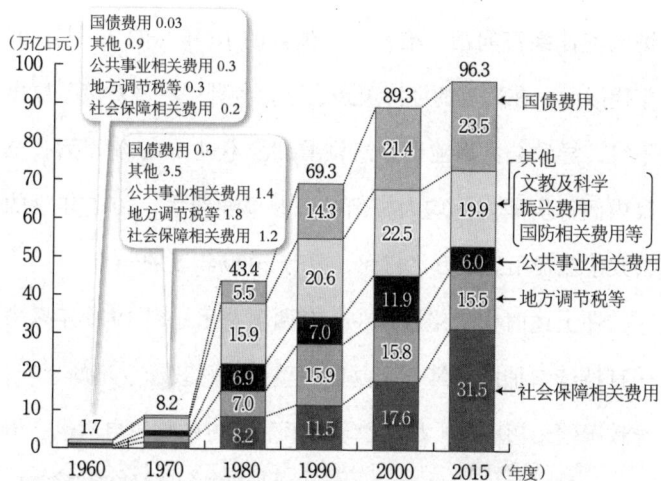

出处：财务省。

在 1964 年举办东京奥运会之前，从 1960 年度一般会计预算来看，预算规模约为 1.7 万亿日元，相比如今接近 100

万亿日元的预算，数额非常小，但其中与社会保障相关的预算是 2000 亿日元，只相当于 3000 亿日元的公共事业费用的三分之二。那个时代的当务之急是道路等基础设施的建设。当时，就连东京也有许多土路，下雨就会变得泥泞不堪。

之后，在经济开始增长的 20 世纪 60 年代以及高速增长结束、石油危机爆发的 20 世纪 70 年代，国家预算持续膨胀，到泡沫经济崩溃前的 1990 年，年度预算已达到 69 万亿日元。进入泡沫经济崩溃、被称为"失去的 10 年"的 20 世纪 90 年代以后，在严重的经济萧条之下，各种"经济对策"层出不穷，导致公共事业费用急剧增加。不过 2000 年以后，小泉内阁等历届内阁均大幅削减公共事业费用，2015 年度的公共事业费用为 6 万亿日元，只有 2000 年度的一半。

在上述时代变化过程中，有两项费用是自 1970 年以来一直持续增加的。第一个是国债费用。财政赤字不断累积，导致国债余额增加，那么偿还金额和支付的利息自然也会增加。但是，还有一项费用每年的增加速度比国债费用还高，那就是"社会保障相关费用"。如此一来，从一般会计预算扣除国债费用和拨给地方的"地方纳税补助金"之后的国家"政策经费"中，有一半以上（2015 年度为 31.5 万亿日元 / 57.4 万亿日元 =55%）都是"社会保障相关费用"。

　　社会保障相关费用不仅在国家预算中占据了极高的比例，在老龄化背景下，其规模每年还会扩大近 1 万亿日元。正如前文所介绍的，少子化导致缴纳保险费的劳动力人口不断减少，而老龄化又使得支出不断增加，因此社会保障的资金状况只能越来越严峻。这个差距只能靠国家和地方的社会保障相关预算来填补，因此少子老龄化的情况下，预算膨胀是难以避免的。少子老龄化就是这样带来了财政赤字这个严重的问题。

　　要解决财政赤字问题，必须限制年度支出的增加，同时增加年度收入（增税）。关于这一点，在此不做过多涉及。不过日本人可以关注一个事实，即与日本同样为少子老龄化问题而苦恼的欧盟规定加盟国的消费税（附加价值税）不得低于 15%。

市町村会消失吗

　　少子老龄化和人口减少还带来了另一个严重的问题。2014 年 5 月，民间组织"日本创成会议"的人口减少问题探讨分会（由岩手县前知事、东京大学研究生院客座教授增田宽也主持）公布了一份报告，标题是"旨在保证21世纪经济持续增长的'控制少子化和恢复地方活力战略'"（增田，2014）。这份报告为人们提供了重要信息，简单明了地阐述了人口减少将如何影响地域经济等问题。这份报告指出，为了抑制人口的急剧减少和激发地方活力，必须在遵循以下基本方针的基础上，制定综合性战略方案。

首先，对于人口减少问题的严重性，日本国民并未形成共同认识，常常有人认为这是遥远未来的问题，这种"乐观论"非常危险。国民必须首先对问题的严重性具备共同的认识。

根据现实出生率低于国民的"希望出生率"这一事实，作为具体对策，必须通过消除"阻碍期望的因素"来提高出生率。为此，必须为20～35岁左右的年轻人创造出更易于结婚、生育和抚养孩子的环境，并打造更易于生育二胎以及三胎以上的宽松环境。

"控制少子化和恢复地方活力战略"能够受到媒体的广泛报道，成为热点话题之一，是因为这份战略专门预测了未来的人口动态将会对市町村层面的人口造成怎样的影响。实际上，国立社会保障及人口问题研究所也曾预测过各地区的未来人口（2013年3月）。二者的区别在于，对地区间的人口移动所做的假设不同。预测人口问题的关键是一个常识，即生育孩子的通常是"20 ~ 39 岁的女性"。虽然也有例外，但在 2012 年的总和生育率 1.41 当中，20 ~ 39 岁女性的生育占了 95%。从这个事实来看，预测未来人口时自然应该关注 20 ~ 39 岁的女性群体。

一些地区的年轻女性在持续流失。即使没有流向外地，如果出生率一直维持在现在的 1.41 不变，30 年后年轻女性也会减少三成，因此为了维持人口数量，必须尽快将出生率提高到 2。国立社会保障及人口问题研究所预测向外流失率在 2020 年会降至约二分之一，即流失速度在放缓。而增田的报告则假设有些地区仍会像过去一样，有三成年轻男女会流失到外地，那么 30 年后，当地的年轻女性将减少一半，到时即便提高出生率，事实上也已经不可能阻止人口减少了。也就是说，这些地区最终就有可能消亡。

报告中使用的"消亡"一词极具冲击力。据国立社会保障及人口问题研究所的预测，到 2040 年，年轻女性减少至五成以下的市町村有 373 个（占全部的 20.7%），其中人口到 2040 年会跌破 1 万人的市町村为 243 个（占全部的 13.5%）。而增田的报告假设未来人口的持续流失与现在一样，预测到 2040 年，年轻女性人口降至五成以下的市町村

为 896 个（占全部的 49.8%），其中人口到 2040 年会跌破 1
万人的市町村为 523 个（占全部的 29.1%）。也就是说，在
今后 25 年里，全国约三成的市町村都很有可能会消亡。

"人口过度稀少"的严峻问题并非始于今天。早在 20 世
纪 60 年代，当大量人口从农村流向城市时，"人口过度稀
少"也曾成为严重问题。

但目前不断加深的人口减少和老龄化问题，正在对日
本经济社会造成前所未有的冲击。例如，与我们的生活密
切相关的自来水。自来水业务一般都是以市町村为单位运营
的，但一些人口显著减少的地区，为了维持运营，不得不提
高自来水费。从 2015 年 10 月开始，北海道美呗市的水费上
涨了 30%（《朝日新闻》2015 年 9 月 7 日晨报）。不同地区
之间的费用差距自然也会越变越大。就每个家庭每月的水费
来看，群马县长野原町最贵，是 3510 日元，兵库县赤穗市
最便宜，只有 367 日元，二者相差近 10 倍（2014 年 4 月）。
在此背景下，县内差距高达 4 倍的香川县正在计划将过去各
市町村分别运营的自来水事业改为全县统一运营。

如上所述，人口的动态流动会对地区造成极大影响。
"地区之间的人口移动"与出生率一样，是左右人口对地区
影响的最重要因素之一。为了恢复地方活力，政府提出了与

过去完全相反的"从城市到地方"的人口移动政策目标。但是，人们不会受任何人的强迫，而是遵循自身的意愿移动的。那么，历史上的地区间人口移动是如何变化的呢？下面就来看看这个问题。

明治时期的城市人口排名

毫无疑问，人类自太古以来就一直在移动。正因为如此，诞生于非洲的人类才会扩散至欧亚大陆全境，甚至跨越白令海峡，遍布美洲大陆。食物的枯竭和自然环境的变化等因素都会迫使人们走出原来的栖息地，这是毫无疑问的。但即使没有负面的环境变化，太古时期的祖先似乎也会突然跨过高山，穿越河流，不停地移动。我曾经叹息自己无论如何也做不到这一点，但人类学家却大笑地表示"这就是人类啊"。可能"动物"就是要不断移动的吧。

不过虽说遥远的冰川时代可能是这样，但在近现代以后，人类却很少仅凭冲动而移动。许多人在迁移时受到了经济社会力量的推动。因此，我考察了 19 世纪下半叶，即明治时期以后的人口移动情况。表 2-1 体现了日本城市人口排名的变迁（富永，1990）。

表 2-1　日本城市人口的变化

	1878（明治11）年 人口（千人）排名		1920（大正9）年 人口（千人）排名		1985（昭和60）年 人口（千人）排名	
东京*	671.3	1	2173.2	1	8354.6	1
大阪	291.6	2	1252.9	2	2636.2	3
京都	232.7	3	591.3	4	1479.2	6
名古屋*	113.6	4	430.0	5	2116.4	4
金泽*	107.9	5	129.3	11	430.5	31
广岛*	76.7	6	160.5	8	1044.1	10
和歌山*	62.1	7	83.5	23	401.4	39
横滨	61.5	8	422.9	6	2992.9	2
富山*	58.4	9	61.8	35	314.1	55
仙台*	55.0	10	119.0	12	700.3	12
堺	45.7	11	85.1	22	818.3	13
福冈*	45.5	12	95.4	17	1160.4	8
熊本*	44.6	13	70.4	27	555.7	16
神户	44.1	14	608.6	3	1410.8	7
福井*	41.6	15	56.6	37	250.3	80
松江*	36.5	16	37.5	63	140.0	140
新潟	35.6	17	92.1	19	475.6	24
鸟取*	34.7	18	29.3	77	137.1	141
弘前*	33.4	19	32.8	73	176.1	115

续表

	1878（明治 11）年 人口（千人）排名		1920（大正 9）年 人口（千人）排名		1985（昭和 60）年 人口（千人）排名	
冈山 *	33.3	20	94.6	18	572.5	15
长崎	32.6	21	176.5	7	449.4	26
鹿儿岛 *	32.1	22	103.2	14	530.5	17
函馆	31.2	23	144.7	9	319.2	58
秋田 *	31.0	24	36.3	67	296.4	61
高松 *	30.2	25	46.6	48	327.0	53
盛冈 *	29.5	26	42.4	53	235.5	90
高知 *	29.1	27	49.3	44	312.2	57
松山 *	28.1	28	51.3	41	426.7	28
米泽 *	27.7	29	43.0	52	93.7	218
彦根 *	27.5	30	17.7	−	94.2	212

出处：富永（1990）。

注：1878 年数据来自关山（1942），将神户县与兵库县的数据做了合并。1920 年与 1985 年的数据来自国势调查。1920 年彦根尚未建市。

* 表示旧时曾是城下町。

　　1878 年（明治 11 年）是西南战争的第二年，江户时代也逐渐成为过去。但尽管如此，在我们看到表 2-1 的城市排名时，第 1 位东京到第 4 位名古屋暂且不提，很多人应该会对第 5 位以后的排名感到意外吧。江户曾拥有 100 万人口，与那不勒斯并称为世界上数一数二的大都市，但在明治维新的动乱中，短短几年之内，人口数量就减少了一半。明治11年，东京的人口是67万人，即便如此仍旧是日本人口最多的城市。排在第2位的大阪有29万人口，比东京少了许多。之后依次是第3位拥有23万人口的京都和第4位拥有11万人的名古屋。

这几个城市的排名可能都还算正常，但不到11万人口的金泽排在第5名，让人颇感意外。明治11年，"加贺百万石"①仍然存在。接下来，还有第7位的和歌山、第9位的富山、第15位的福井、第16位的松江、第18位的鸟取、第19位的弘前、第29位的米泽和第30的彦根等，都很让人意外。

如表2-1所示，这些城市在后来人口相对比较少，排名也是要更靠后一些。我们很快就能发现，这类城市大多面对日本海或位于日本东北部。明治11年的城市人口排名之所以会让现今的我们感到意外，是因为当时的产业是以从江户时代传承下来的农业为基础的。农业需要土地，人口集聚在一起并不会带来优势，或者说应该遍布日本全境才更好。

---

① 加贺百万石指加贺藩。加贺藩是日本江户时代，领有加贺国、能登国、越中国三国大半作为领土的藩，也是江户时代最大的藩。这里是形容规模较大的城市或者地区。——译者注（后文如未特别注明，均为译者注）

明治 11 年人口较多的城市都是各地区（江户时代的藩）的
中心区域（旧时的城下町）。

　　从这个表中可以发现，在后来的 100 年里，城市人口发
生了很大变化。其最大原因是产业基础从农业变为了工业。
与农业不同，工业能够发挥出人口集聚的优势。众所周知，
日本的工业化是沿着太平洋一侧发展起来的。其结果导致从
江户时代到明治初期，原本人口排名靠前的许多城市的人口
规模都相对缩小了。

　　政府号召人们"从城市向地方"移动。人口"向东京一
极集中"确实有问题。但是，通过上面的号召来改变人口移
动的效果有限，号令必须具备某种合理性才行。

决定经济增长的关键不是人口

　　如上所述，人口减少会对财政、社会保障以及地域社会
的未来都产生重要影响。对 21 世纪的日本而言，人口减少
无疑是一个大问题，而这对经济"增长"究竟又会造成怎样
的影响呢？

　　人口减少意味着劳动力数量的减少。因此有很多人认

为，今后日本经济能保持零增长就算不错了，甚至对负增长也要有心理准备。我们常会看到一些言论，认为"直线上升"的经济时代已然终结，"直线下降"的时代即将拉开序幕。事实上，也有经营者声称"日本国内人口持续减少，这种情况下企业无法考虑设备投资"。正如第 1 章中介绍的，凯恩斯在 20 世纪 30 年代也曾指出，在人口减少的英国，很难依靠投资带动经济增长。这个问题涉及需求和供给两个方面。

首先，从供给方面来看，劳动力数量减少，能生产的商品数量必然也会减少。可能很多人认为这个道理如此简单易懂，是不容否定的"铜墙铁壁般的逻辑"。但这个观点其实存在很大的逻辑漏洞。GDP（国内生产总值）表示一个国家在一年内制造出来的所有商品和服务的价值（准确地说是附加价值）总量，其增长率绝不是仅由劳动力数量（劳动人口）的增加率决定的。

事实胜于雄辩，我们还是来看图 2-5 对明治 3 年（1870 年）后 100 余年里日本人口和实际 GDP 的变化所做的比较。由于第二次世界大战结束以后经济增长很快，图中右半部分非常醒目。但如果放大比例只看左半部分的话，我们可以发现在第二次世界大战之前，GDP 与人口增长之间就存在较

图 2-5　日本的人口与经济增长（1870—1994 年）

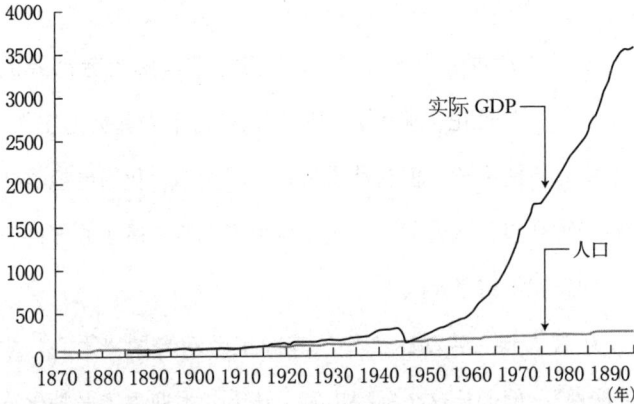

出处：Maddison（1995）。

注：本表数据为在将 1913 年的人口和实际 GDP 假设为 100
　　时的指数。

大的偏离。可以说，从明治初期到今天的 150 年间，经济增
长和人口几乎毫无关系。

　　经济增长率与人口增长率之间的差距就是"劳动生产
率"的提高。劳动生产率的提高大致相当于"人均收入"的
提高。即使劳动力人口没有变化（或者稍微减少），只要平
均每位劳动者所能制造出来的商品增加了（即劳动生产率提
高了），经济增长率就也会提高。

创新的作用

　　说到"劳动生产率"，很多人会把它理解为劳动者的"干劲儿"。从理论上来看，确实是只要每个人都努力工作，经济就有可能增长，但这种增长是有限度的。我们也经常会听到一种观点，认为劳动力人口减少了，日本最多能维持经济零增长就不错了。

　　还有人将"劳动生产率"等同于劳动者的"体力"或"敏捷性"。他们从这个前提出发，认为日本迎来了老龄化社会，因此劳动生产率不但不会提高，反而会下降。老年人在体力和敏捷性上确实无法与 20 岁或 30 岁的年轻人相比，但劳动生产率的实质并非劳动者的干劲儿或体力。当然，在一些发展中国家，如果国民的"健康"存在严重问题，或者在政局不稳定的国家以及在劳资关系恶劣的企业，劳动者的"干劲儿"明显下降，那么劳动生产率自然会降低。但这个道理反过来并不成立。在包括日本在内的发达国家中，能够提高经济整体的劳动生产率的，通常不是劳动者的干劲儿和体力（不过在现今的日本经济中，"长时间劳动"导致的恶劣影响确实令人担忧）。

　　能够在一个国家的经济整体中提高劳动生产率的最大因

素是投入新设备和机械的"资本积累"，以及广义上的"技术进步"，即"创新"。

在将劳动力人口的变化与经济增长紧密联系在一起的那些人的头脑中，可能总是有一副劳动者都拿着铁锹或铁镐修建道路的画面。在这种经济模式中，劳动者数量减少，产出（生产物）也必然会减少。但就发达国家的经济增长而言，劳动者拿着铁锹或铁镐施工的场面早已被推土机取代。在这样的情况下，劳动生产率才会得到提升。说不定原本需要100 个人的工程，现在只需要 5 人就能完成。这是由创新和资本积累（发明推土机，并由建筑公司实际投入施工现场）带来的。

这个比喻绝不是凭空想象出来的。只要想到车站的自动检票机，我们立刻就能明白。在刚刚过去的 20 世纪 80 年代中期之前，东京车站还是人工检票的。自动检票机使劳动生产率得到了飞跃性提高。当然，要实现这一步，必须先要有人发明自动检票机，而且需要铁路公司通过"设备投资"将它实际安装在车站里。

软技术进步

关于"创新"或"技术进步",还需要做一些补充说明。尤其是说到"技术进步",人们一般会联想到理工科的科学家或技术人员手里的硬"技术",即科技。这类硬技术在促进经济增长的"技术进步"中扮演了重要角色。其重要性毋庸赘言。但必须注意的一点是,经济上的"技术进步"不单纯指硬"技术"的进步。除了硬技术之外,技术经验和经营能力等软"技术"也与硬技术一样,甚至在有些情况下能够起到比硬技术更为重要的作用。

星巴克咖啡如今已经遍布全球,但其咖啡本身并没有什么特别先进的"技术"。它成功的秘诀在于,在日本的"咖啡馆"和欧洲的"咖啡店"等店铺空间方面,星巴克拥有新概念、工作手册和品牌等综合性软实力。这种软实力具备国际竞争力,能产生附加价值,因此星巴克的诞生正是"技术进步",也就是创新的成功范例。

在一个国家整体经济,也就是宏观经济中,"技术进步"也可能是产业结构的进步带来的。例如,在即将开始经济高速增长的 1950 年,日本经济的约四分之一(按国民基数计算)是以农业为主的第一产业。在就业方面,约半数人口从事第一产业。当时，农业的劳动生产率只有现代化工业的五分之一。众所周知，在经济高速增长的过程中，日本的产业结构发生了很大变化，实现了由农业向工业乃至第三产业的转变。劳动力和资本从生产率较低的部门转移至生产率较高的部门，即使各部门中的硬"技术"不改变——当然现实中硬"技术"也会改变，整体经济的劳动生产率也会提高。

经济高速增长时期

从宏观来看的劳动生产率会因各种原因而变化，关键是从定量角度来看，这种变化到底有多大呢？考察过去数据，可以获得很多参考。关于"数据"，人们有各种看法，接下来我就按照"劳动生产率"的标准来考察一些原始数据。

表 2-2 对"经济高速增长时期（1955—1970 年）"和"第一次石油危机（1973—1974 年）后至泡沫经济终结的 1990 年"这两个 15 年区间的实际 GDP 和劳动力人口（15岁以上人口中的就业者和完全失业者的合计）的变化做了比较。在经济高速增长时期，日本的经济增长率约为 10%（表中是 9.6%），对经济多少有点兴趣的人都知道这个事实，在

这期间，日本举办了东京奥运会（1964 年）。在石油危机结束后至泡沫经济崩溃时期，日本的经济增长率降到了 4% 左右，这也是大家都知道的。

表 2-2 劳动力人口与经济增长的关系

经济高速增长时期

	1955 年	1970 年	年均增长率
实际 GDP	47.2 万亿日元	187.9 万亿日元	9.6%
劳动力人口	4230 万人	5170 万人	1.3%

第一次石油危机到泡沫经济终结

	1975 年	1990 年	年均增长率
实际 GDP	234.2 万亿日元	463.1 万亿日元	4.6%
劳动力人口	5344 万人	6414 万人	1.2%

出处：实际 GDP 数据来自内阁府的"国民经济计算"；劳动力人口数据来自总务省统计局"劳动力调查报告"。

与经济增长率形成对比的是，几乎很少有人知道劳动力人口的变化。正如表中所示，经济高速增长期和石油危机以后的劳动力人口平均增长率分别是 1.3% 和 1.2%，几乎没有变化。

从表 2-2 中，我们很容易发现，经济高速增长不是劳动力人口的旺盛增长带来的。经济高速增长是劳动生产率的提高（9.6% - 1.3%=8.3%）带来的。同样，石油危机以后，日本的经济增长率降至 4.6%，也不是因为劳动力人口的增长率下降，而是由于劳动生产率的增长从 8.3% 跌至 3.4%，即下降了接近 5% 导致的。

经济高速增长的机制

如上所述，经济增长并不单纯取决于劳动力人口的增长。除了经济的供给方面，我们还必须考虑需求的动向。需求和供给相互影响带来经济增长，是堪称"历史性"的复杂现象。为了理解这个问题，最合适的方法是考察日本人熟知的"经济高速增长"时期，即从 1955 年到 1970 年的约 15 年时间。我曾在拙著《经济高速增长——改变日本的 6000 天》中阐述了详细情况，图 2-6 也能概括体现出高速增长的机制。

在经济高速增长的前夕，20 世纪 50 年代的日本与今天完全不同。在 1950 年，日本有 48% 的就业者从事的是农业、林业和水产养殖业等"第一产业"。每两个工作的日本人中就有一人是"农民"。他们在农村过着三世同堂的生活。农村自不必说，就连城市的家庭中也没有任何我们今天习以为常的东西。那是没有电视机、只有收音机的年代。那时也没有洗衣机，洗衣服是需要依靠双手的力气活。虽然有冰箱，但却不是用电，而是靠冰块来降温的。因此，城市的商业街上到处都是冰店，门前放着锯成合适大小的冰柱。当时也没有电话，没有荧光灯，只有电灯泡。总之，在与第二次世界大战之前几乎一样的榻榻米房间里，什么电器都没有。

当时，人们把黑白电视机、电冰箱和洗衣机称为"三件神器"，希望自己也能拥有。但起初这些商品价格昂贵，对平民百姓来说高不可攀。不过如图 2-6 所示，随后经济会形成"良性循环"，而这正是高速增长。

引领经济高速增长的是城市工业。现代工业部门层出不穷的技术革新和设备投资能够降低人们想要的商品的价格。例如，"三件神器"中最先出现的洗衣机在 1949 年的价格是每台 5.4 万日元，相当于大学生毕业后担任公务员的第一年的年薪。这种情况下，一个月只能售出 20 台也不足为怪。不过随着技术进步和量产效应，洗衣机的价格不断降低。与此同时，随着生产率提升，城市上班族的工资也在逐渐提

图 2-6　经济高速增长的机制

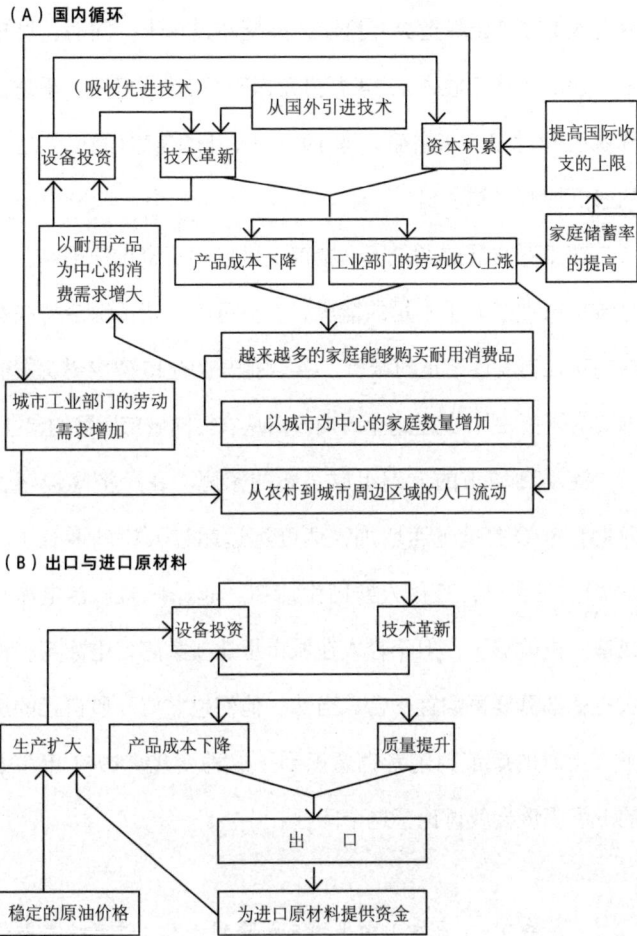

（A）国内循环

（B）出口与进口原材料

出处：吉川（2012）。

高。从 1949 年至 1955 年的短短 6 年期间，洗衣机的价格从每台 5.4 万日元降至 2 万日元，降幅超过一半。同时，城市上班族的平均年收入从 14 万日元提高至 36 万日元。于是在洗衣机问世仅 6 年之后，即 1955 年，日本就有约三分之一的家庭拥有了洗衣机。

在工业发展的背景下，城市上班族的工资迅速提高，而且城市出现了人手不足的情况。以前可能一辈子都会待在农村的年轻男女逐渐走向城市。中学刚毕业的 15 岁少男少女们的"集体就业"，就是这个时期人口从农村向城市迁移的象征。

流动到城市的人们组成了新的家庭。在经济高速增长时期，家庭数量迅速增加，速度远远超过人口的增长（图 2-7）。在农村，三代人共同生活在一起，只需一台电冰箱或洗衣机就够了，但年轻人在城市组建新家庭，电冰箱和洗衣机就都需要再购置一台。当然，他们也需要一所自己的房子。当时的政策制定者也意识到了这种变化。1967 年举办的一场座谈会就讨论了这个问题。

　　森田：（每户）由平均 5 人降到 4 人，这意味着即使人口没有增加，住房也必须增加 25%。

　　上田：根据前年公布的人口和家庭的大概数量，人

图 2-7　家庭数量和人口的增长率

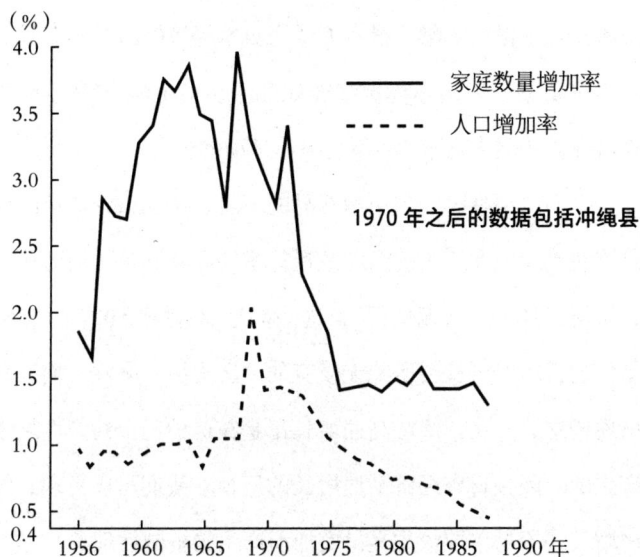

出处：吉川（2012）。

口减少的县有 25 个，但家庭数量减少的县一个都没有，这真出人意料。仅从这一点，我就能感觉到这个变化非常巨大，看到 1% 抽样汇总的结果，这一点就更清楚明白了。（"新春座谈会——从人口看日本的现状和未来"，载于《统计》1967 年 1 月号）

就这样，家庭数量的增加拉动了国内的需求。

　　在经济高速增长时期，出口减去进口的"纯出口"对经济增长几乎没有贡献。很多人认为日本经济的增长一直是靠出口拉动的，但实际情况绝非如此。年均 10% 的高速增长来自旺盛的国内需求，而不是出口带动的。

　　人们渴望拥有的耐用消费品的普及、从农村到城市的人口流动以及由此产生的家庭数量的增加等并不是任何时代都有可能出现的"普遍情况"，这些都是 20 世纪 50 年代至 60 年代的日本经济社会所绝无仅有的"历史性"条件，而且只出现过这么一次。经济高速增长正是在这种历史性条件之下产生的。回顾日本经济高速增长的历程，我们可以发现，经济增长并不是单纯依靠人口增加而产生的机械性现象。

AI、IT 会夺走人类的工作吗

　　经济以远超人口增长率的速度增长，这意味着经济增长趋势的决定因素与其说是劳动力人口，不如说是劳动生产率的变化。劳动生产率的提高也可以看作人均 GDP 的增长。拉动发达国家的经济增长的不是人口增长，而主要是人均 GDP 的提升。正如前文介绍的，劳动生产率的提高并非来自劳动者的奋斗、干劲儿以及体力，而是得益于广义上的"技术进步"，即"创新"、资本积累和产业结构的变化等因素。

劳动力人口的减少让很多人担忧，但另一方面，也有人警告说随着新诞生的技术，尤其是 IT 和 AI（人工智能）的不断发展，未来对劳动的需求将越来越少，极端地讲，在工厂里工作的人都有可能被机器取代。布林约尔松和麦卡菲二人合著的《与机器赛跑》正如其书名所示，是这种观点的代表。

目前，AI 的语言理解能力仍然有限，但其"实力"在稳步提高。国立信息学研究所以考上东京大学为目标开发出了一个"东大机器人"，它在 2015 年 11 月举行的大学中心考试模拟考试中，数学和世界史两个科目的偏差值都超过了60，成为热点话题。

那么会不会有一天，我们人类的工作都被"东大机器人"等 AI 或 IT 取代呢？在考虑这个问题时，必须注意以下几点。

第一，被 AI、IT 替代的是过去一直由人类从事的某种特定的工作，还是所有的人类劳动呢？明确区分二者非常重要。如果 AI、IT 只是像一般的机器代替人类从事某种工作或作业，那么这种情况曾经在历史上反复出现过，而且我们现在在日常生活中也正在经历。前文提及的车站自动检票机便是一个很好理解的例子。机器被投入应用会导致对人类劳动的需求减少，即就业机会会逐渐消失。

不过，机械化的发展导致人们失去某些工作的场合，与对人类劳动需求的完全消失具有本质上的不同。也许是因为很容易联想到具体事例，许多人常常害怕工作被机器取代，从而失去就业机会。不过回顾历史，我们会发现，情况通常是相反的。也就是说，往往是整个经济对劳动的旺盛需求导致人手不足和薪酬提升，人们才会为了使某些工作更"省力"而引进机器。早在18世纪的英国，瓦特等人发明和改良蒸汽机也是为了解决人工薪酬上涨的问题而采取的对策。虽然AI、IT在代替人的"脑力"这一点上与以往的机器不同，但这与推土机替代过去只能依靠人类"体力"从事的工作，在本质上有何不同呢？

还有一点不能忘记的是，AI、IT等创造出的商品和服务是要由人来消费的。只有人才能通过消费活动购买这些商品和服务。那么当然，购买商品和服务的人必须拥有能够满足购买意愿的足够收入。正如前文介绍的，从历史上来看，有很多由人类从事的传统工作被机器取代了，但人类非但没有被"解雇"，反而由于劳动生产率的提高获得了更高的薪酬。也就是说，人类的生活因机器的出现变得越来越富裕。

　　具体地说，在机械化发展的进程中，人们获得的收入包含两部分，即工资等通过劳动获取的收入和通过拥有机器获得的收入（源自"资本"的收入）。也就是说，在 AI、IT 社会中，人们的收入将是劳动收入和 AI、IT 的所有权带来的收入的总和（包含间接的利息收入等）。在过去的 200 年中，即便机械化程度不断提高，劳动收入的比例（即"劳动分配率"）也不会降低到让人难以维生的程度。发达国家的劳动分配率大致稳定在 60% ~ 70% 的水平。确实，托马斯·皮凯蒂在其世界级畅销书《21 世纪资本论》中指出，今后劳动分配率会不断降低，资本带来的分配额会不断增加，因此"贫富差距扩大型社会"即将来临。但针对皮凯蒂的观点，无论在理论上还是在实证上，现在都是反对意见要更占优势。

　　过去 200 年的历史姑且不论，AI、IT 的出现到底会不会从根本上使人类的劳动变得毫无用处呢？实际上，在 200 多年以前，活跃在拿破仑战争时期的英国经济学家大卫·李嘉图就曾经讨论过这个问题。李嘉图是位伟大的经济学家，是始于亚当·斯密的"古典经济学"的完成者，他也曾与《人口原理》的作者马尔萨斯展开多年辩论。李嘉图的代表作《政治经济学及赋税原理》出版于 1817 年，他一贯认为引进机器能够增加劳动者的利益。但在他晚年出版的第三版《政治经济学及赋税原理》的结尾处，李嘉图增加了新的一章"关于机器"，指出机器也有可能会明显损害劳动者的利益。本书第 1 章曾介绍过的瑞典经济学家维克塞尔反驳了李嘉图的这个观点。后来，20 世纪权威经济学家之一萨缪尔森也讨论了这个问题，而且萨缪尔森论文的标题是"李嘉图是对的！"（Samuelson，1989）。从李嘉图之后直至今日的 200 年里，从来没有出现过机器导致人类陷入贫困的情况，发达国家的人们的生活越来越富裕。那么在 21 世纪，AI、IT 会让李嘉图的预言成为现实吗？

"第三次工业革命"与工业 4.0

接下来还是回到我们的主题吧。因为人口和劳动力减少了，经济就不可能增长，这种观点过于武断。这是我在这一章的观点。至于 AI、IT 是否会导致人类失去工作岗位，无论其答案如何，这都是与人口减少会导致商品无法生产的担忧完全相反的问题。

　　与经济增长并非由人口的数量决定相关的，还有许多重要观点。2012 年，英国《经济学家》杂志推出了名为"第三次工业革命"的专题报道，指出发达国家的制造业工厂虽然外流到中国等亚洲国家，但今后由于 3D 打印等技术的问世，制造产品所需的人类劳动将会越来越少。《经济学家》的专题报道以苹果公司的 iPad 为例，其零售价格为 499 美元，其中制造成本（原材料和人工费）为 187 美元，而在中国产生的劳动成本只有 8 美元。在不同的产业中，劳动成本在生产量中所占的比例各不相同。但无论怎样，"廉价劳动力"在 21 世纪将逐渐丧失优势，而在接近销售市场的地方生产新产品的优势会更大。如此一来，产品制造工厂可能将再次回归发达国家，这是《经济学家》杂志的观点。

　　就在英国《经济学家》杂志提出"第三次工业革命"之后不久，德国总理默克尔率先倡导的"工业 4.0"，即"第四次工业革命"便拉开了帷幕。在位于德国南部的人工智能研究中心，西门子等龙头企业汇聚一堂，他们运用 AI 和互联网对多条生产线进行最优组合，为实现"未来工厂"展开实验。人们将此称为物联网（IOT，Internet of Things）。这种最高级的无人工厂采用 3D 打印技术，完全由 AI 和 IT 来操控一切，无须人工便能实现小批量多品种生产。其目标是实现产业间的统合，而不再只是从一件商品的零件生产到销售的统合。如果"未来工厂"能够实现，德国制造业的生产率将在 10 年之内提升至 1.5 倍。

无论是第三次工业革命还是第四次工业革命，它们能否带来 18 世纪第一次工业革命般的冲击，目前还是未知数。在社会发展的过程中，一定还会出现被称为第五次、第六次工业革命的变化。虽然其结果如何尚不明朗，但有一点是清楚的，即发达国家的经济增长不取决于人口数量，而是源自创新的牵引。

第 3 章

长寿——经济增长的果实

正如凯恩斯和缪尔达尔在20世纪30年代警告的，20世纪发达国家的经济面临着人口由增加转向减少的问题。在生活日渐"富裕"的过程中，人口已经逐渐开始减少。

　　然而，经济富庶的发达国家人口减少与马尔萨斯的"人口原理"是相悖的。马尔萨斯的基本观点是，人均收入水平提高，婴儿就会大量出生，带来人口数量的增加。从马尔萨斯的理论中获得了灵感的达尔文也在《物种起源》中指出，各类生物为获得稍多一点的食物而彼此展开生存竞争，获胜的生物数量将会增加。实际上，我们在今天也经常能听到有人根据这个原理来解释野生动物及鸟类数量的增减变化。但是，人口数量却在人均收入提高的过程中开始减少。这个现象值得我们思考。

　　与人口数量减少同时出现的另一个现象是平均寿命的延长。在当今社会，我们常会把寿命的延长看作理所当然。但这绝不是理所当然的。马尔萨斯曾经明确否定了寿命延长。

本章将再次探讨发达国家的人口减少与寿命延长这两个问题，正如下一章将会介绍的，它们都与创新有着紧密联系。

发达国家出生率的下降

从 19 世纪末开始，人口减少的征兆就已经逐渐显露出来了。L·布伦塔诺（1844—1931 年）的名字鲜为人知，他是曾经盛极一时的"德国历史学派"领袖之一，曾与马克斯·韦伯（1864—1920 年）一起活跃在第一次世界大战之前的德国。

布伦塔诺通过调查 19 世纪末欧洲人口动态发现，尽管每个国家的平均收入水平都在提升，但出生率却一直在下降，他由此对马尔萨斯的理论提出异议。根据马尔萨斯的观点，收入水平提高之后，人们将生育很多孩子，理应带来人口数量的增加，但布伦塔诺发现事实恰恰相反。

布伦塔诺发现，一个国家的整体出生率也会受到结婚率的影响，但比起结婚率，已婚夫妇生育孩子的数量的减少对出生率下降的影响更大。另外，通过从地区、收入水平和职业等方面对 19 世纪末到 20 世纪初的 30 年里欧洲各国出生率的详细调查，他还进一步发现，低收入家庭的出生率并没有显著下降，反而是收入和教育水平较高的富裕阶层的出生率明显降低。布伦塔诺指出，这是"马尔萨斯原理"难以解释的"新现实"。

为什么富裕阶层的出生率会降低呢？布伦塔诺在他的这项先驱性研究当中提出了几个观点，至今仍被专家们反复探讨。随着社会的进步，年轻人能够享受的商品和服务种类不断增加。享受这些商品和服务既要花时间，也需要花钱。这导致年轻人对需要花费大量时间和金钱的生儿育女敬而远之。为了保持较高的生活水平，人们开始控制孩子的数量。此外人们也开始希望让少数孩子得到高质量教育，让他们从事专业程度更高的职业。除了这个潮流之外，他还提到了女性意识的变化。

欣赏歌剧和出国旅游等新兴娱乐、女性意识、更高的教育水平等都会抑制出生率，而最先受到这些时代变化影响的是经济富裕阶层。在中下收入水平阶层仍然保持着传统的出生率的情况下，富裕阶层的出生率首先开始下降。布伦塔诺在其论文的结语中指出，文明繁荣之后，人口就会减少，这与马尔萨斯的理论完全相反，而罗马帝国就是如此走向衰亡的。

的确，回顾人类的漫长历史，19 世纪末的欧洲并不是最先经历富裕国家人口减少的情况的。我常会想起西洋古代史学者村川坚太郎教授的论文"关于希腊的衰败"（载于《村川坚太郎古代史论集 I》）。说到国家的衰退和灭亡，人们一般都会想起罗马帝国，不过村川的论文探讨了有关古希腊城邦国家衰败的各种观点。文中引用了生活于公元前 2 世纪中叶的波利比乌斯（Polybius）留下的关于当时希腊的描述：

> 现在，在整个希腊，很多人没有孩子，可以看出总人口在减少。这导致城市荒废和土地生产减少。我们之间并未处于战争不断或传染病蔓延的情况……人口减少是由于人们爱慕虚荣、贪婪无度和精神懈怠而不愿结婚，或者即使结婚也不愿养育孩子，为了给孩子留下财产，让他们放纵地生活，一般人最多只生育一两个孩子。这种危害在不知不觉中越来越大。（村川坚太郎，"关于希腊的衰败"［1954 年］，载于《村川坚太郎古代史论集 I》）

历史是在重演吗？

日本的人口出生率变化

正如布伦塔诺在 100 年前发现的，从 19 世纪末开始，欧洲各发达国家，尤其是经济富裕阶层开始出现出生率下降的情况。图 3-1 反映了日本的出生数量及出生率的变化。准确地讲，这里为了简化而说的"出生率"是指"总和生育率"，即以 15 岁至 49 岁女性为统计对象，将每年"各年龄母亲产子数量"除以"各年龄女性人口"后合计得出的数量。正如第 1 章介绍的，从平均来看，这个数值就是"一名女性一生中产子数量"。

在第二次世界大战前，即 20 世纪上半叶，虽然有明治 39 年（1906 年）的"丙午恐惧"[①]以及侵华战争的影响，但日本整体的出生率是增加的。在第二次世界大战之后，则要数 1947—1949 年出生的"团块世代"最为突出，"团块世代"创造了 20 世纪 100 年里的出生率巅峰。此后，虽然团块世代的子女带来了"第 2 次婴儿潮"，但从出生率来看，却是一直在持续下降。

----

① 日本人认为丙午年不吉利，不愿在该年生育。

图 3-1 日本的出生数量以及出生率的变化

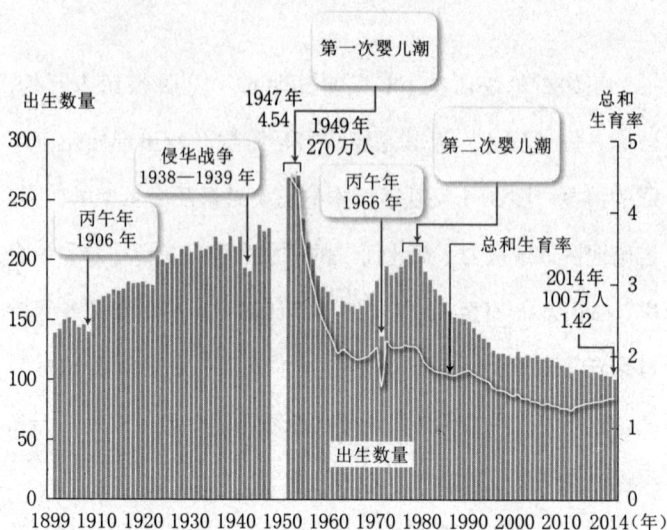

出处：人口动态统计。

　　如图 3-2 所示，从父母的年龄段来看出生率的变化，20 ～ 30 岁年龄段的出生率下降非常明显。而 30 ～ 40 岁年龄段的出生率反而在升高，这是由结婚年龄推迟，即"晚婚"造成的（图 3-3）。在 1950 年，未能在 35 岁之前结婚的女性占 5.7%，男性占 8.0%；但在今天，男性中有近半数，女性每三个人中就有一人未能在 35 岁之前结婚。这导致了整体出生率的下滑。"晚婚"是造成人口减少、出生率降低的重要原因之一。而且除了晚婚，不婚，即终身不结婚的人数也在增加。

图 3-2　各年龄段出生率的变化

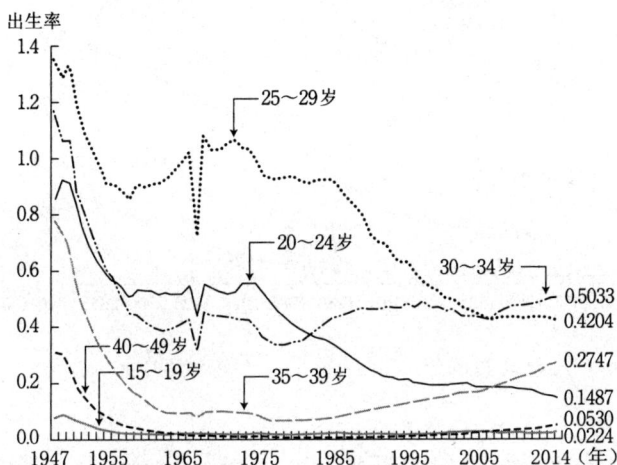

出生率

```
1.4
1.2                          25~29岁
1.0
0.8
0.6                  20~24岁      30~34岁
                                          0.5033
0.4                                       0.4204
       40~49岁                            0.2747
0.2    15~19岁    35~39岁
                                          0.1487
0.0                                       0.0530
                                          0.0224
   1947  1955  1965  1975  1985  1995  2005  2014（年）
```

出处：人口动态统计。

2015 年日本的出生率恢复至 1.46，一时成了新闻。这是出生率在 1994 年达到 1.5 之后，时隔 21 年首次超过 1.45。但即便如此，与维持人口稳定所需的出生率 2.07 相比，依然差距遥远。同样在 2015 年，日本死亡人数超过出生人数，人口减少 28 万。

图 3-3　终身未婚率和各年龄段未婚率的上升

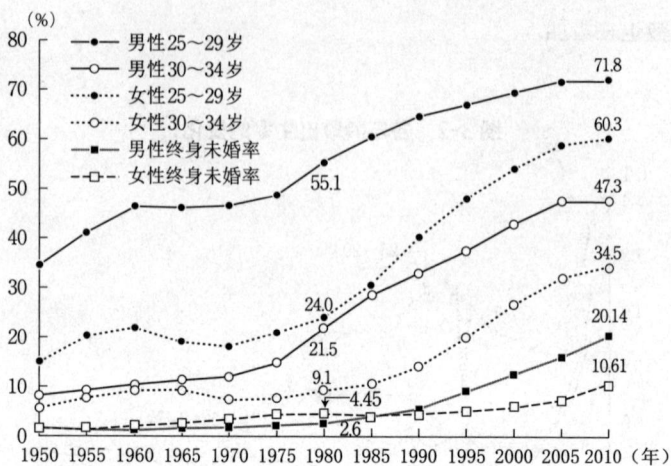

出处：人口动态统计。

　　关于出生率难以回升的原因，除了晚婚和不婚之外，我还想再谈一谈泡沫经济崩溃之后 20 世纪 90 年代开始出现的年轻人就业环境恶化的问题。所谓就业坏境的"恶化"，主要指非正式雇佣的增加和薪酬的降低。

　　1984 年，非正式雇佣的比例占雇佣者的 15%，但在 2014 年，这一比例达到了 37%(厚生劳动省《"非正式雇佣"的现状与课题》)。当然，在非正式雇佣中，有一些人是自愿选择兼职工作的。但也有更多人希望尽可能获得正式工作，他们在无法如愿的情况下，不得不无奈地接受非正式工作。非正式雇佣的职工不仅工作不够稳定，薪酬也比较低。将非正式雇佣的男性职工（30 ~ 54 岁）拥有配偶的比例与正式员工加以比较可以发现，后者的比例是 74%，而前者只有 36%，差距极大（总务省《劳动力调查》2014 年平均结果）。可见，是经济上的困难妨碍了他们结婚。

寿命的延长

在现代日本，越来越多的人因经济困难而不能结婚，这一严峻的现实让人觉得仿佛回到了马尔萨斯的时代。不过回顾发达国家的漫长历史，从整体来看，平均收入一直在上升。正因如此，它们被称为"发达国家"。但正如布伦塔诺所言，尽管发达国家的平均收入自 19 世纪末以来不断提高，但出生率一直在降低。这个"新现实"与马尔萨斯的"人口原理"不符。马尔萨斯认为，随着个人收入提高，孩子数量会增多。

在出生率降低的同时，人们的平均寿命开始延长。这一点也与马尔萨斯的预言相反。马尔萨斯曾经以接近嘲笑的口吻批判尼古拉·孔多塞对人类寿命延长的乐观态度，他认为

"关于人类寿命，从古至今完全没有能够显示它会延长的趋势和征兆"。

但与马尔萨斯的观点相反，20 世纪各发达国家的平均寿命都大大延长了。

众所周知，日本是当今世界数一数二的长寿国家。但我们不能认为这是理所当然的。日本人平均寿命的延长是在第二次世界大战以后取得的，可以称为"最大成果"的成果。在经济开始高速增长之前的 1950 年，日本曾是发达国家中平均寿命最短的国家。如今，很多人已经完全忘记了这个重要的事实。

中谷宇吉郎的惊叹

"雪花，是从天而来的信笺"，中谷宇吉郎博士的名著《雪》因词句优美而广为人知。在第二次世界大战结束 5 年之后的 1950 年，他把之前去美国旅行时的印象写了下来：

> 这次的美国访问，给我留下最深刻的印象是，美国老年人很多，但他们精神矍铄，依然在生气勃勃地工作。

街道变得整洁美丽，道路遍布乡间，汽车变多了等，这些变化当然也让我惊讶不已。但比起这些，最让我羡慕的是人们能够保持健康和长寿。

……

对于机器文明的极度发达，人们可能会持有各种观点。现在为了氢弹而争论的也正是有条件制造氢弹的美国自己。不过对于利用科学来延长人类寿命，让步履蹒跚的老年人仍能精神矍铄、身体健康这一点，应该是没有人会反对的。从这个意义来说，我们不能只盯着美国的武器和机器的发展，更要关注美国的科学真正为人类幸福做出了贡献。（中谷《老龄学——长寿学问的存在》［1950］，载于《中谷宇吉郎随笔选集》第二卷）

中谷介绍道，美国人非常重视维生素和矿物质等营养的摄取，建议日本人也应该多学习科学的营养知识。

因为，其实我从心底对美国人的平均寿命的统计惊叹不已。在 1900 年（明治 33 年），美国人的平均寿命是 47 岁，而在 40 年后的 1940 年便迅速提升至 63 岁。1940 年是太平洋战争爆发的前一年，在之后的两年里，美国人的平均寿命进一步延长，在 1942 年达到 64.82 岁。在日本沉迷于日德同盟、攻占新加坡以及所罗门海战等幻梦之中时，仅仅两年的时间里，美国人的平均寿命就延长了 1.82 岁，这实在令人惊叹。（中谷《老龄学——长寿学问的存在》[1950]，载于《中谷宇吉郎随笔选集》第二卷）

中谷博士访问美国时，美国人在 20 世纪 40 年代的平均寿命达到了 65 岁（1942 年），而日本男性和女性的平均寿命分别是 50 岁和 54 岁（1947 年）。

平均寿命的变化

接下来我们再回顾一下日本人平均寿命的变化。如前所述，当今的日本是无人不晓的世界第一长寿国家。根据 2016 年 5 月世界卫生组织（WHO）公布的资料，2015 年日本的男女合计平均寿命是 83.7 岁，位居世界第一。在男性平均寿命方面，日本为 80.5 岁，仅次于瑞士（81.3 岁）和冰岛（81.2 岁）；日本女性的平均寿命为 86.8 岁，排名世界首位。

近半个世纪以来，日本 100 岁以上老人的人数也呈现出直线上升的趋势。1971 年，100 岁以上的老人有 339 位，到 2014 年敬老日（每年 9 月 15 日）之前，这个人数已经增加到 58820 人。最长寿的是一位 116 岁的女性，她在 2013 年被吉尼斯世界纪录认定为全世界最高寿者。日本确实是世界第一的长寿国家，但如今有很多人对此习以为常，甚至有人觉得日本人是因为自古以来就经常食用鱼类，所以才长寿的。

平均寿命绝不是单纯地伴随着医疗技术的进步而延长的。同样是人类，日本、中国香港和冰岛以及其他欧洲国家或地区的平均寿命超过 80 岁，但塞拉利昂、赞比亚、斯威士兰等赤道以南国家的人均寿命在如今也仍旧只有 40 岁。

20 世纪 80 年代下半叶，即戈尔巴乔夫政权时期，俄罗斯男性的平均寿命约为 64 岁，但在 1991 年苏联解体之后的仅仅 3 年里就缩短了 6 岁，在 1994 年变成了 57.6 岁。不过后来到 2013 年，俄罗斯男性的平均寿命又恢复到了 63 岁。在许多国家，女性的平均寿命都要高于男性。但是，汤加的男性平均寿命为 73 岁，高于女性的 70 岁（2013 年）。总之，平均寿命会受到社会经济状态的影响。

　　图 3-4 显示了 20 世纪到 21 世纪初的 100 余年里，日美两国男女平均寿命的变化。从这个图表可以发现，在 20 世纪上半叶第二次世界大战之前，日本人平均寿命几乎没有延长，这也是中谷博士发出感慨的原因。第二次世界大战以后，日本人平均寿命才开始大幅延长，超越了其他发达国家，达到世界最高水平。

图 3-4　日本和美国的平均寿命变化

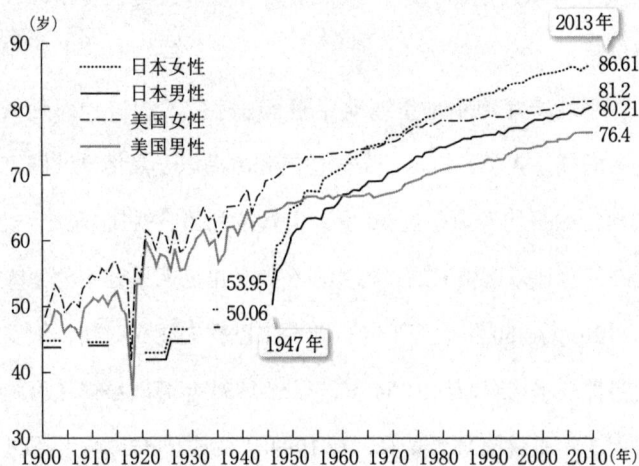

出处：厚生劳动省"完全生命表""简易生命表"（战前数据仅有完全生命表），Historical Statistics of the United States，National Vital Statistics Reports。

第二次世界大战之前的寿命

1900 年（明治 33 年），夏目漱石正在伦敦留学。当时的平均寿命情况是美国 47 岁，英国 45 岁，日本 43 岁。日本人的平均寿命略低于英美，几乎处于同一水平，不像如今发达国家与赤道以南非洲国家之间的差距那么大。

这有些不可思议。因为只要看看如今世界各国之间的平均寿命差异就能发现，平均寿命与人均收入是高度相关的。富裕国家的平均寿命较长，贫穷国家的平均寿命较短。但在 1900 年，日本的人均收入水平要远远低于当时处于世界最高水平的英国和美国。根据安格斯·麦迪逊对世界长期经济统计的调查研究，1900 年日本的人均收入只有英国的四分之一，连当时世界上屈指可数的"发达国家"阿根廷的一半都不到，也要低于智利、墨西哥的人均收入（Maddison，1995）。那么为什么当时仍是"贫穷国家"的日本的平均寿命会与全球最富裕的英美几乎持平呢？

一个有力的解释是因为日本工业化和城市化的起步远远落后于英美。乍一看来，这种观点也许有些不可思议。在 19 世纪，英美等发达国家摆脱了传统的农业经济，通过大力推动工业化实现了经济发展。"工业革命"一词正是这个过程的象征。工业化同时促进了城市化的发展。人们纷纷离开农村的田园地区，聚集到城市。如第 2 章介绍的，日本在 20 世纪 50 至 60 年代的"经济高速增长时期"，也曾经发生过类似的人口快速迁移现象。

今天，我们常抱有"城市先进、农村落后"的印象，但在 19 世纪末，尤其是从健康层面来看，与农村相比，城市反而更加危险。当时，由于医学不发达和公共卫生设施不完善，许多传染病都可能"导致死亡"，因此人口密集的城市非常不利于人们保持健康和长寿。

在那个世纪交替的年代，正在伦敦留学的夏目漱石写下了下面这段话：

> 走在伦敦的街头，你尽可以吐一口痰试试。嘴里吐出来的这一团漆黑的东西一定会令你大吃一惊。几百万市民都呼吸着煤烟和尘埃，任由自己的肺每天都遭受污染。每当擤鼻涕和吐痰的时候，我自己都会觉得吓人。（《漱石全集》第 13 卷，1901 年 1 月 4 日《日记》）

当时美英等发达国家虽然拥有收入水平较高的有利条件，但同时也蒙受着城市化进程的不利影响。反观日本，当

时的多数人依然生活在农村，这一点抵消了收入水平低的不
利条件。

因此在 1900 年，日本的平均寿命与当时最富裕的英美
相比，几乎没什么差别。日本在 20 世纪初便与英美两国站
在了同一起跑线上。在随后的 20 世纪上半叶，其他发达国
家随着收入水平提高、医疗进步以及公共卫生事业的完善，
人均寿命也呈现出直线式的稳步提高。图 3-4 中的美国十
分典型，英国等欧洲各国也是如此。

但在 20 世纪上半叶，日本的平均寿命几乎没有提高。
虽然明治政府也曾努力完善基础性的公共卫生，但进入 20
世纪后，日本政府却奔向增强军备的歧途，忽视了自来水、
下水道以及医院等的建设，这是最主要原因（人口学家汉森
和莫斯卡的观点，1987）。不得不说，第二次世界大战之前
的日本在健康和寿命方面存在很大问题。

新自由主义关于寿命的观点

第二次世界大战结束以后，日本的平均寿命稳步提高，
与战前形成了鲜明对比。接下来我们要稍微偏离主题，介绍

一下"新自由主义"对寿命的看法。那么，也被称为"市场原理主义"的新自由主义与"寿命"究竟有着怎样的关系呢？想必很多读者会对此感到疑惑。

新自由主义者认为，个人在市场中的选择至关重要，政府不应干预太多。他们主张政府只需在国防、司法、警察等方面发挥最小作用，并且越小越好。秉持这种立场的新自由主义者不愿承认政府主导的公共卫生的完善对提高平均寿命做出的贡献。1993 年获得诺贝尔经济学奖的芝加哥大学经济史学家罗伯特·福格尔也是一位新自由主义者，他认为20 世纪发达国家平均寿命的提高，说到底只是个人采用有利健康的高营养饮食等自主选择和自发行为的结果（Fogel，2004 年）。

很多日本人会认为，新自由主义者这种不承认政府在完善公共卫生中起主导作用的主张缺乏全面性，是比较偏激的观点。在发达国家当中，新自由主义的这种观点或许可以说是美国所特有的。即使进入 21 世纪之后，美国仍未实施全民保险制度，这在发达国家中实属例外。其背景就是以共和党为主要阵营的新自由主义理论。

当然，并非所有的经济学家都认为政府的作用越小越好。福格尔的批判者安格斯·迪顿（2015 年诺贝尔经济学奖获得者）便是其中的代表。如前所述，福格尔认为经济增长使人们的收入提高，人们便会通过自身努力来增进健康，从而提高平均寿命。但迪顿指出，收入增加对健康的促进程度要远远低于人们的一般想象。在《逃离不平等》一书中，迪顿强调"知识"才是促进健康、提高平均寿命的最重要原因。与福格尔不同，迪顿承认政府的作用。不过，他指出政府的作用似乎完全隐藏在了"知识"的影子背后。"知识"的确非常重要，但要理解下文将要介绍的日本在第二次世界大战结束以后的经验，单纯依据"知识"则未免过于抽象。

战后日本的经验

　　前文多次提到，日本的平均寿命在第二次世界大战结束后得到稳步提高，与战前形成鲜明对比。战争结束后，随着青霉素和卡介苗的普及，人们攻克了之前被视为绝症的肺结核。这些医学进步对寿命延长做出了巨大贡献，但正如1950 年访美的中谷博士所感叹的，日本的平均寿命依然是发达国家中最短的。

　　平均寿命能够在战争结束后顺利延长，把战前的暗淡岁月一扫而光，其原因有以下三点（排名先后并不代表贡献的大小）：第一，经济增长提高了人均收入水平；第二，医学的进步和医生、护士等医疗人员的努力；第三，覆盖全体国民的"全民保险"制度的设立（1961 年）。

正如福格尔等新自由主义者所言，收入水平的提高确实能够有助于人们享受到高营养的饮食和防寒保暖的温暖住宅，进而为平均寿命的延长做出了贡献。下面我们再详细看一看对一个国家的平均寿命具有重要影响的婴儿死亡率。

在 19 世纪至 20 世纪初的经济发展初级阶段，仅就健康方面而言，城市的风险比农村更高。这一点在前文做过介绍。实际上，在日本历史上，城市的婴儿死亡率首次低于农村是在 20 世纪 50 年代。其原因主要是收入水平对健康的影响越来越大，以及城市的平均收入水平超过了农村。

上述时代的变化也对婴儿死亡率产生很大的影响。图 3-5 反映了婴儿死亡率的变化。由图可见，日本的婴儿死亡率在 20 世纪 50 年代出现了急剧下降，在随后的 60 年代进一步降低，其下降势头一直持续到 80 年代，之后直到现在则基本上保持着稳定水平。在不同的时期，婴儿死亡率下降的原因也不相同。

小椋正立和铃木玲子详细调查了 1950—1965 年经济高

图 3-5　日本婴儿死亡率的变化

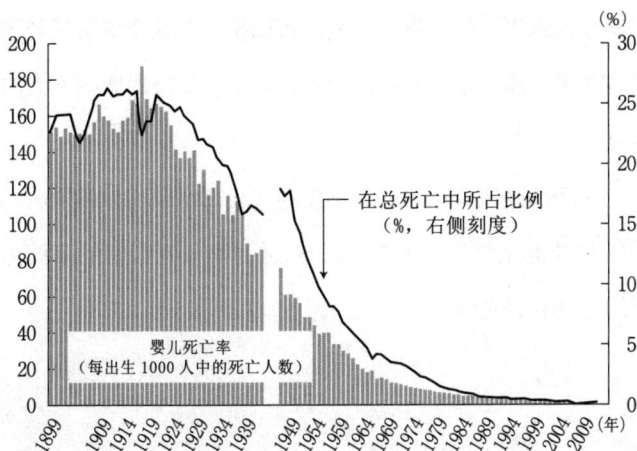

出处：人口动态统计。

速增长时期各县、市、郡的数据，进行了高质量的研究。二人的研究发现，首先，在医院和诊所分娩降低了婴儿死亡率；第二，是否选择在医疗机构分娩，会受到母亲的教育水平以及家庭收入水平等的很大影响。

今天，在医院或诊所的妇产科分娩，已经是理所当然的事情。但在战后经济高速增长之前的 1950 年，日本有 97%的婴儿是在自己家里出生的。即便是在医疗机构出生率最高的东京，在家里分娩的比例也高达 78%，这在今天简直难以置信。在经济高速增长时期，在家里分娩的比例逐渐下降，大多数人开始选择在医疗机构分娩，在这个普及的过程中，家庭收入水平产生了重要影响。可以说，在这个事实反驳了迪顿在《逃离不平等》中认为收入对增进健康的影响不大的观点。

在经济高速增长之前，不仅婴儿死亡率较高，各地区之间的差异也比较大（表 3-1）。总之，婴儿死亡率的降低为平均寿命的延长做出了巨大贡献。

全民保险的设立

近代医疗保险制度最早出现在 19 世纪末的德意志帝国，据说是当时的"铁血宰相"俾斯麦为了对抗社会主义的兴起而引进的。1922 年（大正 11 年），日本出台了以工厂劳动者为对象的《健康保健法》，但直到第二次世界大战结束后的 1955 年，日本仍旧没有以所有国民为对象的"全民保险"，农民、个体经营者等三分之一国民没有保险。日本的"全民保险"诞生于 1961 年。

图 3-6 显示了 1955 年各年龄段人群的患病率、就诊率和死亡率的分布。患病率和死亡率会随年龄的增长而上升，

表 3-1 1947 年各都道府县婴儿死亡率
（每出生 1000 人中的人数）

全国	76.7		
北海道	82.8	三重	88.7
青森	99.7	滋贺	96.9
岩手	98.2	京都	69.8
宫城	75.4	大阪	79.9
秋田	97.0	兵库	75.2
山形	92.0	奈良	91.1
福岛	74.9	和歌山	70.8
茨城	81.2	鸟取	77.9
栃木	69.2	岛根	76.0
群马	66.1	冈山	80.0
埼玉	72.8	广岛	67.9
千叶	77.4	山口	71.7
东京	62.4	德岛	85.4
神奈川	60.3	香川	81.5
新潟	72.4	爱媛	75.6
富山	95.5	高知	76.0
石川	86.9	福冈	80.8
福井	85.9	佐贺	95.8
山梨	63.2	长崎	80.6
长野	61.4	熊本	70.0
岐阜	74.4	大分	87.5
静冈	65.8	宫崎	73.6
爱知	73.9	鹿儿岛	74.1
		冲绳	—

出处：2013 年人口动态调查。

图 3-6　1955 年各年龄段人群患病率、就诊率和死亡率的分布

每 10 万人口

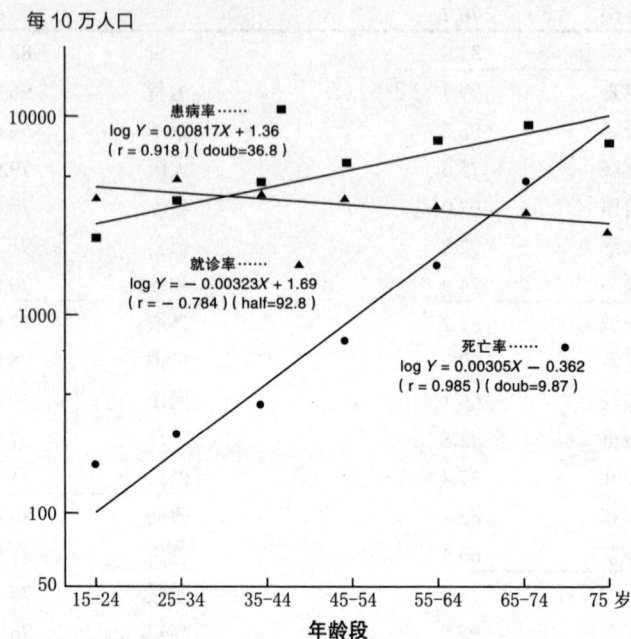

患病率……
$\log Y = 0.00817X + 1.36$
$(r = 0.918)(\text{doub} = 36.8)$

就诊率……
$\log Y = -0.00323X + 1.69$
$(r = -0.784)(\text{half} = 92.8)$

死亡率……
$\log Y = 0.00305X - 0.362$
$(r = 0.985)(\text{doub} = 9.87)$

出处：根岸龙雄、内藤雅子《从现状及背景来看 21 世纪医疗制度》，载于宇泽弘文编《医疗的经济学分析》。

这应该算是"常识"了，但令人惊讶的是，就诊率（去医院或诊所接受医生诊察的比例）却随着年龄增长而下降。无论在哪个年代，老年人的患病率都要高于年轻人，但在 1955年，老年人在医疗机构的就诊率却低于年轻人。在 1961 年全民保险制度实施以后，老年人的就诊率才超过年轻人（图3-7）。由此可以推测，在实施全民保险制度之前，许多老年人即使生病也会出于经济原因而放弃去医院接受治疗。如今，作为导致医疗费用膨胀的原因之一，过度医疗也带来了

图 3-7 各年龄段人群就诊率的变化

每 10 万人口的就诊率

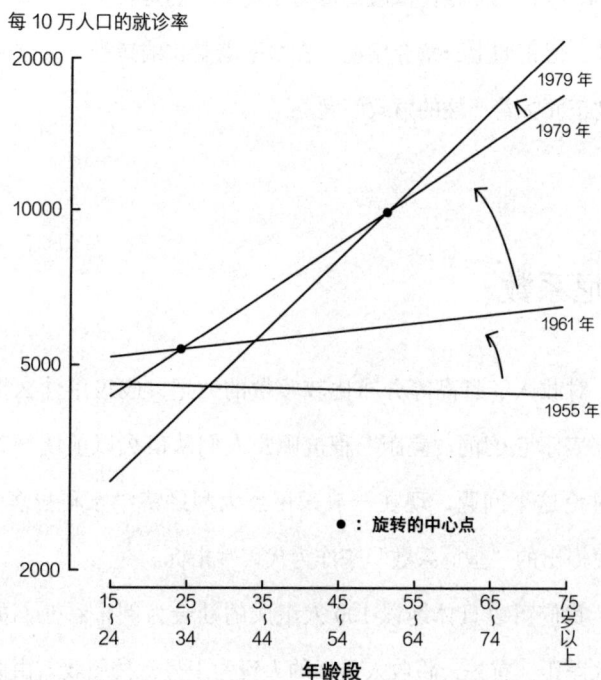

● ：旋转的中心点

年龄段

出处：根岸龙雄、内藤雅子《从现状及背景来看 21 世纪医疗制度》，载于宇泽弘文编《医疗的经济学分析》。

一些问题，但从战后历史的长远视角来看，全民保险制度无疑为平均寿命的延长做出了重要贡献。顺便说一说与日本并居长寿榜前列的中国香港地区，实行的也是覆盖大部分民众的公共医疗保险制度。在中国香港，无论是住院还是接受手术，患者自己每天负担的费用都是 100 港元（2016 年约等于 1400 日元）。全民保险制度为平均寿命的延长做出了重要贡献，但正如上一章介绍的，在少子老龄化的背景下，这一制度正面临着严峻的财政问题。

基尼系数

对收入、身高等分布比较零散的数据，应该用什么指标来表示它们的"差距"程度呢？人们从很久以前就一直在讨论这个问题，现在一般采用意大利经济学家科拉多·基尼提出的"基尼系数"来作为代表性指标。

我们可以具体地以 100 人组成的社会为例来看他们的收入差距。首先，将收入最低的人设为 1 号，按照收入由低至高的顺序给 100 人编号，收入最高的人是第 100 号。接下来，计算出每个人的收入分别是社会总收入的多少分之一。在此基础上，再将 1 ~ 100 号累计相加的收入比例数据标注在纵轴上，制成图表。例如假设最贫困的三个人，即 1 号、2 号和 3 号的收入在社会总收入中的比例分别为 1/500、1/400 和 1/300。那么就在 1 号的位置标记 1/500，不过 2 号的位置对应的不是 1/400，而是 1/500+1/400；同理，3 号则是 1/500+1/400+1/300，这便是"累计相加"的含义。由此得到的曲线被称为"洛伦兹曲线"。

为了理解洛伦兹曲线，我们可以从两种极端情况，即"完全平等"和"完全不平等"来进行分析。在"完全平等社会"中，所有人的收入都相等。因此，所有人的收入比例均为 1/100。在这种情况下，洛伦兹曲线上的 1 号是 1/100，2 号是 1/100+1/100=2/100，3 号是 3/100，因此会形成图 3-8 中的 45 度线 A。

反之，"完全不平等社会"是极端状态，即 100 人中有 99 人的收入为 0，由 100 号一个人拥有全部社会收入。这时的洛伦兹曲线上，1 号到 99 号都是 0（由于纵轴为 0，洛伦兹曲线与横轴重叠），到 100 号时才突然跳跃为 1（收入比例占 100%），所以会形成一个直角（图 3-8 中的 B 线）。在现实社会中，洛伦兹曲线是图 3-8 中 45 度线下方的曲线 C。

基尼系数被定义为洛伦兹曲线 C 与 45 度线之间的月

牙部分面积与以 45 度线为斜边的直角等腰三角形面积之比（图 3-8）。正如前文介绍的，由于完全平等社会的洛伦兹曲线（A）与 45 度线相同，这时月牙部分会完全消失，面积为 0。因此，完全平等社会的基尼系数为 0。另一方面，完全不平等社会的洛伦兹曲线是图 3-8 中的 B 线，这时"月牙"变为直角等腰三角形，因此基尼系数为 1。一般来说，如图 3-8 的 C 线所示，基尼系数的数值介于 0 和 1 之间，不平等程度越低越接近 0，不平等程度越高越接近 1。

不同国家和不同时代的基尼系数都不相同。既有收入分

图 3-8　基尼系数的概念

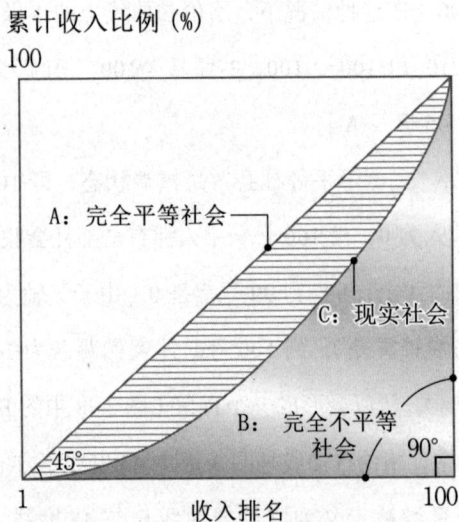

累计收入比例（%）

A：完全平等社会

C：现实社会

B：完全不平等
社会

45°

90°

1

100

收入排名

配平等的国家和时代，也有收入分配不平等的国家和时代。当今的情况如表 3-2 所示，以平等社会闻名的冰岛、挪威和丹麦的基尼系数为 0.25，德国和法国约为 0.3，美国为 0.38，日本与英国同为 0.34 左右（2010 年，OECD 数据）。发展中国家的不平等程度一般比较大，如智利和墨西哥的基

表 3-2　各国的基尼系数

（2010 年，中国为 2015 年数据）

智利	0.510	韩国	0.310
墨西哥	0.466	波兰	0.307
中国	0.462	法国	0.303
土耳其	0.417	瑞士	0.298
美国	0.380	德国	0.286
葡萄牙	0.345	荷兰	0.283
英国	0.341	卢森堡	0.271
希腊	0.338	奥地利	0.269
日本	0.336	瑞典	0.269
西班牙	0.334	芬兰	0.265
澳大利亚	0.334	比利时	0.264
新西兰	0.324	捷克	0.258
意大利	0.321	挪威	0.249
加拿大	0.319	冰岛	0.246
爱尔兰	0.313		

出处：OECD Income Inequality Update（June 2014）。中国数据来自中国国家统计局（2015）。

尼系数约为 0.5。作为发达国家中的例外，美国的基尼系数较高，与中等发达国家土耳其的水平接近。

进入 21 世纪后，中国国家统计局公布了中国的基尼系数。由表 3-2 可知，中国在 2015 年的基尼系数为 0.462，虽然稍低于 2008 年的 0.491，但依然很高。不平等是社会主义中国在今天依然面临的严峻问题。

在日本，厚生劳动省每隔三年就会根据"国民生活基础调查"计算并公布基尼系数。如图 3-9 所示，1979 年至 2009 年期间，日本的基尼系数有所上升（说明不平等程度升高）。不过解释计算结果时需要注意，因为还有一种基尼系数是根据未将养老金纳入"收入"之中的"最初收入"计算得出的。这样一来，主要依赖养老金的老人的收入会显著降低。因此，现在日本同时也会公布根据"再分配收入（含养老金）"计算得出的基尼系数，即图 3-9 中的"再分配后"的基尼系数。

由这张图表可以发现，再分配后的基尼系数要低于根据最初收入计算的基尼系数。此外，基尼系数的上升幅度也要更为缓和。这说明，导致根据最初收入计算的基尼系数上升的重要原因是人口的"老龄化"。正如第 2 章所述，日本的财政状况极其严峻，但养老金和医疗等社会保障制度是在超

图 3-9　日本的各类基尼系数

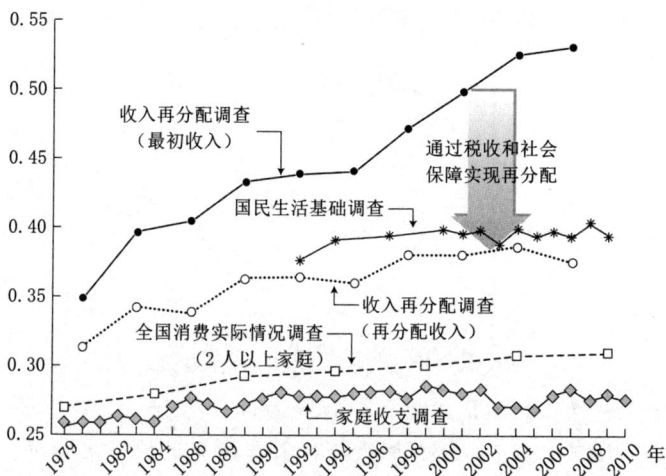

出处：厚生劳动省"国民生活基础调查"；总务省"全国消费实态调查""家庭收入调查"。

老龄时代维持社会平等的重要制度。另外在图 3-9 中，除了根据"国民生活基础调查"计算的基尼系数，还有根据"全国消费实际情况调查"和"家庭收支调查"得出的基尼系数。需要注意到的是，后者要比常被使用的根据"国民生活基础调查"得出的基尼系数低很多。

日本第二次世界大战之前的基尼系数与战争结束以后相比会是怎样的情况呢？关于第二次世界大战之前的收入

图 3-10　基尼系数的长期变化

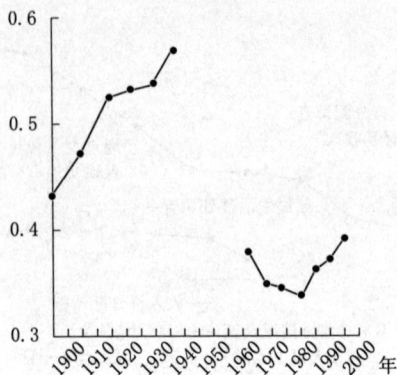

出处：南（2000）。

注：1895、1905、1915 年的数据来自南亮进的暂定估算。
　　1923、1930、1937 年的数据来自南亮进的推算。战后
　　数据来自沟口和寺崎的推算。

分类，有很多经济学家长期以来不断开展深入研究。从南
（2002）绘制的图 3-10 中可以明显看到，与战后相比，战
前的日本是一个极度不平等的社会。战前的基尼系数不仅
"水平"更高，而且 1900 年至 20 世纪 30 年代期间，不平等
的程度也一直在明显上升。

富裕阶层的“富裕程度”

基尼系数经常被用来作为表现不平等的指标，除此以外，富裕阶层的“富裕程度”也是一个便于理解不平等的指标，它表示收入最高的 1%（1/100）或 0.1%（1/1000）的群体在社会总收入中所占的比例。2015 年，畅销书《21 世纪资本论》的作者、法国经济学家托马斯·皮凯蒂曾经访问日本并引起了巨大轰动。皮凯蒂就是通过富裕阶层的收入占有率来探讨收入分配问题的。

图 3-11 是皮凯蒂与共同研究人员得出的 20 世纪 100 年期间前 0.1% 阶层的收入在总收入中所占比例的变化情况。从这张图可以发现，第二次世界大战以前，在包括日本在内的所有发达国家中，富裕阶层的收入占有率都非常高。可以说，战前是有一些“真正的大富豪”的。

非常有意思的是，在第二次世界大战之后，无论是在战胜国还是在战败国，富裕阶层的收入占比都出现了急剧下降。战前的富豪阶层走向了“没落”。在日本，导致这种激烈变化的原因有财阀解体、农地解放、存款冻结、超级通货膨胀和富裕税等。富裕阶层的收入占比显著下降，与前面提到的战后基尼系数的降低是同步的。

由图 3-11 可知，从 1980 年前后开始，发达国家之间开始呈现出各种不同的变化。特别是在美国，前 0.1% 阶层的收入占比呈直线上升趋势，在 2000 年竟然超过了战前 20 世纪 20 至 30 年代的巅峰值。20 世纪 20 年代是福特、洛克菲勒、卡耐基、摩根等传奇富豪们生活的时代。如今，美国

图 3-11　最上层 0.1% 群体的收入占比的变化

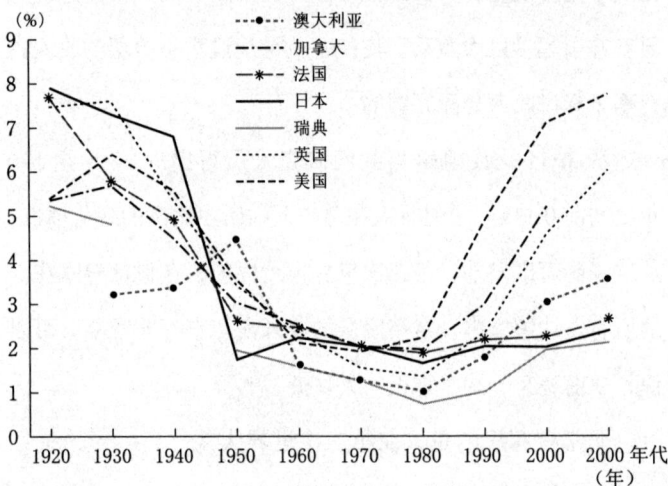

出处：Anthonyy B. Atkinson, Thomas Piketty, Thomas and Emmanuel Saez. "Top Incomes in the Long Run of History", Journal of Economic Literature 2011, 49:1,3–71。

超级富裕阶层的收入占比已经超过了那个时代。

　　2008 年 9 月 15 日，雷曼兄弟控股公司破产，引发了严重的经济萧条。在此背景下，美国爆发了"占领华尔街"运动，有学生和市民高举写有"99%"的标语，表示是自己属于前 1% 之外（the rest of us）的人。图 3-11 很好地解释了这些现象。皮凯蒂《21 世纪资本论》的原始版本是法文版。这本书最先在法国出版，不久后在美国出版了英文版，大卖程度超过法国。不用说，这自然与当时美国的社会动向有着密切联系。英国的情况虽然没有美国严重，但前 0.1% 的收入占比也上升了。但法国和日本则与英美两国不同，并未出现类似倾向。关于这个问题，第 4 章还将再做说明。

　　第二次世界大战结束之后的日本要远比战前平等。那么，这与平均寿命的变化之间有什么关系呢？婴儿死亡率的下降会对平均寿命的延长起到重要作用。如前所述，婴幼儿死亡率与收入水平高度相关，尤其是在收入水平达到一定程度之前。因此，在第二次世界大战之前，即日本的平均收入水平与"中等发达国家"相仿的时代，收入不平等无疑阻碍了婴儿死亡率的降低。

寿命的基尼系数

平均寿命的确是非常重要的指标，因此我们还可以再进一步看看寿命方面的"不平等"。通过下文介绍的方法，我们可以了解寿命的不平等问题。这个方法就是以同一年出生的 100 万人为对象，分析从出生后 1 年内死亡的人到 100 岁死亡的人之间的寿命差距。采用根据收入分配计算基尼系数的相同方法，可以计算出同一年出生人群（即人口学中的"群体"）的寿命分布的基尼系数。

通过每隔一年追溯和调查各死亡年龄段的死亡人数，可以推算出同一年出生人群的寿命分布。下面介绍经济学家萨姆·佩兹曼关于用上述方法得出的"寿命基尼系数"的研究。这个内容非常有趣。

图 3-12 反映了长期以来统计数据完备的 5 个发达国家的平均寿命与寿命基尼系数的变化。虽然各国情况不尽相同，但大的变化都惊人地相似。从 18 世纪下半叶到 19 世纪末，各国的"寿命基尼系数"都非常高，约为 0.5 ~ 0.4。这远远高于当今发达国家收入分布的基尼系数，与收入分配极不平等的中南美洲各国的水平相当。

**图 3-12　5 个发达国家的"平均寿命"（上图）
和"寿命基尼系数"（下图）的变化**

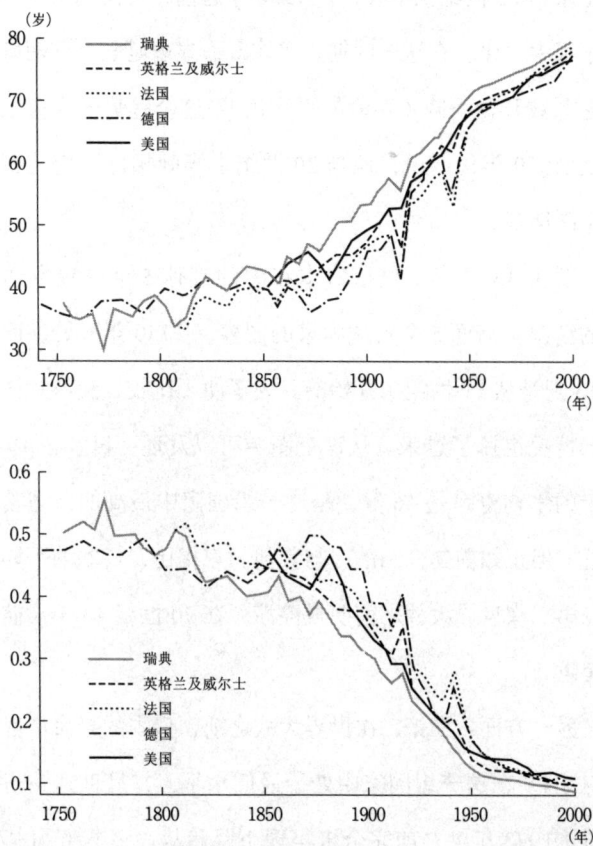

出处：Peltzman（2009），p.180，Figure2。

过去，寿命的不平等要远远大于收入的不平等。在 19 世纪末到 20 世纪上半叶，到 1950 年之前，各国的情况均发生了很大变化。在这一时期，平均寿命显著延长，同时寿命基尼系数开始下降（寿命的平均化）。这个趋势一直持续到 20 世纪 50 年代以后，但与 20 世纪上半叶相比，变化幅度要平缓得多。

图 3-13 显示了包括日本在内的其他 5 个中等发达国家的情况。前面 5 个发达国家的图表从 1750 年开始，而图 3-13 则是从 19 世纪末开始的。为了便于比较，我特意把美国的情况也挪了过来。从这个图中可以发现，日本在 19 世纪末的平均寿命是 46 岁，是这一组国家中最高的，与美国接近。但正如前文介绍的，与其他国家相比，日本的平均寿命在第二次世界大战之前明显停滞，在 20 世纪 40 年代被苏联超越。

另一方面，在第二次世界大战之前，日本的寿命基尼系数为 0.4，在这一组国家中处于最低水平，并且直到关东大地震（1923 年）之前完全未呈现下降趋势。日本寿命基尼系数开始下降是在 20 世纪 30 年代以后。从这个角度也可以发现，日本社会在第二次世界大战之前存在严重问题。

无论是平均寿命的延长，还是基尼系数的下降，图

图3-13 包括日本在内的5个普通工业国家的"平均寿命"（上图）
和"寿命基尼系数"（下图）的变化

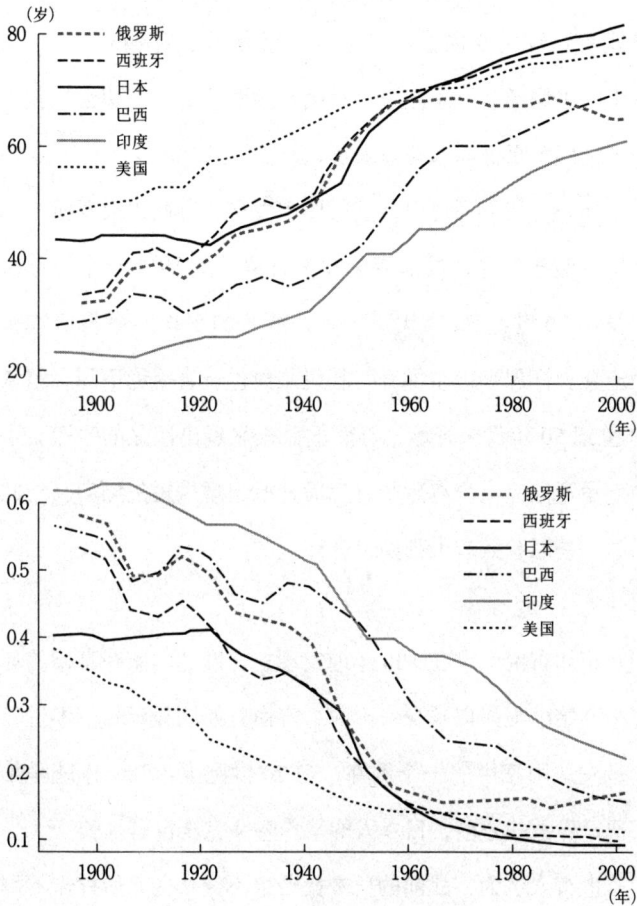

出处：Peltzman（2009），p.185，Figure3。

3-12 中的 5 个发达国的变化都是在 1950 年以后变得较为缓慢，而图 3-13 中的"中等发达国家"则是在 1950 年以后仍能看到较大变化。在主办了东京奥运会的 1964 年前后，日本的平均寿命终于超过了美国。这时距离中谷博士从美国归来之后感叹日本人寿命太短只有 15 年时间。

此外，我们还可以从这个图中发现，苏联（俄罗斯）的平均寿命与基尼系数的变化非常有趣。从 1917 年十月革命爆发至 20 世纪 50 年代下半叶，苏联的平均寿命与日本和西班牙一样都在稳步提升，基尼系数也一直平稳下降。但从 20 世纪 50 年代末开始，苏联的数据呈现出明显的停滞。平均寿命不但完全没有延长，反而开始出现缩短的倾向。与此同时，基尼系数却也开始上升！

正如布伦塔诺在 100 年前发现的，发达国家在富裕的环境中开始出现人口减少。同时，寿命开始明显延长。不过日本是发达国家中的一个例外，在 20 世纪上半叶，也就是第二次世界大战之前，日本人的平均寿命完全没有延长。

也有人认为，战前的日本社会也不像一些人所抨击的那么"糟糕"。确实，很少有哪个社会在所有方面都不好，如果尽力去找也一定会发现它的某个优点。但从堪称人类社会总决算的平均寿命以及寿命基尼系数的变化来看，我们必须说日本社会在第二次世界大战之前确实存在严重问题。

　　与战前相比，第二次世界大战结束以后，日本的人均寿命迅速延长，成为世界上最长寿的国家。这是日本在战后最大的收获。

第 4 章

对我们而言，经济到底是什么

在 18 世纪，马尔萨斯与斯密探讨人口问题的预设前提是，生活变得富裕之后，人们将会生育更多孩子。这也是生物社会的常识，生物数量会随着食物增加而增多。然而正如前面介绍的，从 19 世纪末开始，在财富增加的过程中，发达国家的人口开始减少。另一方面，尽管人口减少了，但平均寿命却开始以人们有史以来所未曾经历过的极快速度延长。

无论是人口还是寿命，都要受到人均收入的影响。如第2 章介绍的，创新是推动人均收入增加的源泉。创新带来了"富裕"的社会，但在富裕社会中，人口不但没有像马尔萨斯所预言的那样增加，反而开始减少。

那么，到底什么是富裕呢？本章将探讨对人类而言，经济究竟意味着什么、经济增长究竟有何意义等问题。首先，我们必须弄懂什么是"经济"。

经济与奢侈

什么是经济？当我们正式考虑这个问题时，也许可以得到下述回答。

作为生物，每个人都需要通过生理上的物质代谢来维持生存。医学和生理学的职责就是阐释这种生命机制。但即便明确了每个个体维持生命的生理机制，这个人实际上能否生存下去还是另一个问题。一个人无论身体如何强健，一旦被遗弃在沙漠中，他也只能等待死亡降临。哪怕是爱因斯坦，也无法独自一人生存。人类必须以集体的形式获得赖以生存的能量，除此之外别无他途。不仅人类如此，进化到一定程度的生物为了生存而抵御外敌或者为了获取食物，或多或少都需要集体活动。经济，就是人类进行的这种"集团性物质代谢"。

不过正如大家都知道的，人类与蜜蜂、狮子、鱼类等生物不同，动物们的"集团性物质代谢"只是作为物种存活下去所必需的最低限度的活动，而人类的经济活动则不止于此，或者其水平要远远超出最低限。人类的经济活动与"经济增长是否必要"这一重要问题密切相关，早在近代经济增长肇始的18世纪以前就得到了人们的关注。

例如，在1606年首次上演的莎士比亚戏剧《李尔王》中，面对背叛自己的女儿，老国王曾说道：

啊！不要跟我说什么需要不需要。最卑贱的乞丐，

也有他不值钱的身外之物。

人生除了天然的需要以外，要是没有其他的享受，

那和畜类的生活有什么分别。你是一位夫人，

你穿着这样华丽的衣服，

如果你的目的只是为了保持温暖，

那就根本不合你的需要，

因为这种盛装艳饰并不能使你温暖。

（《李尔王》，第 2 幕第 4 场）

自古以来，无论东方还是西方，都有以奢侈为恶德、以朴实为美德的伦理。然而，对于这种传统价值观，异端思想家伯纳德·曼德维尔（1670—1733 年）予以了直接反驳，他认为"恶德"恰恰可以带来一国的繁荣。在莎士比亚的 100 年之后，曼德维尔出版了一本叫作《蜜蜂的寓言》（1714 年）的体裁独特的书。这本书仅 20 页的诗篇附有超过 200 页的"注释"，在"注释"后还有超过 300 页的"对话篇"。曼德维尔在这本书中提出了自己的社会经济哲学，强调"奢侈"才能为一个国家带来经济社会的繁荣。

在被作者用作标题的蜜蜂的世界，蜜蜂们一边不停地扇动翅膀，一边述说着心中的不平：

贪婪，这个衍生出邪恶的根基，

这该诅咒的劣根的天生恶德，

乃是那些挥霍者的仆从奴隶，

挥霍是一种高贵罪孽；

而奢侈亦在支配着上百万穷苦之士，

可恶的骄傲则主宰着更多人：

皆因为嫉妒心与虚荣心本身

均为激励勤勉奋斗的传道人；

他们那种可爱的愚蠢与无常

见诸其饮食、家具以及服装，

那恶德虽说是格外荒唐万分，

却在推动着贸易的车轮前进。

（曼德维尔，《蜜蜂的寓言》）

蜜蜂们滔滔不绝地宣泄着内心的不平，当它们因为某种契机，出于伪善之心开始攻击恶德时，朱庇特得知了一切。朱庇特满足了蜜蜂们的愿望，把恶德从蜂巢中一扫而光。于是，昨日的繁荣也都随之消失殆尽了。

虚饰已不复存在，正迅速消失，

而另一种面貌已经取而代之。

因现在已经不仅是个别蜜蜂

每年都在市场花去大笔开支；

而是以劳作为生的众多蜜蜂

每天都不得不做同样的劳动。

他们即使改行亦都于事无补，

因为各自只有做本行的天赋。

土地和房屋的价格急剧下降，

贬值的还有奇丽的殿宇宫墙；

犹如底比斯宫殿被当作赌注，等待出租；

而安坐殿堂的众神虽一度欢欣，

现在却宁愿被焚，

亦不愿看到门上的简陋镌铭嘲笑那为众神所厌恶的

虚荣。

建筑业亦几乎全被弃诸一旁，

没有任何人想雇用建筑工匠。

没有哪个测绘师能声名大振，

石匠和雕刻匠亦皆默默无闻。

（曼德维尔，《蜜蜂的寓言》）

曼德维尔认为，去除了"奢侈"等"恶德"的世界犹如"树立在无风地带的风车"。

当然，曼德维尔所著《蜜蜂的寓言》不可避免地被列为禁书。但在亚当·斯密《国富论》（1776 年）诞生前的半个世纪里，《蜜蜂的寓言》都是产生于 18 世纪英国的新思潮的先驱。凯恩斯也在《就业、利息和货币通论》（第 23 章）用了三页的篇幅阐述了《蜜蜂的寓言》。从凯恩斯提出的"需求"决定一国经济状态的"有效需求理论"来看，曼德维尔的确是"凯恩斯经济学"的先驱。

"奢侈"才能推动经济发展，这种观点并非 18 世纪英国所特有的。维尔纳·桑巴特（1863—1941 年）是"德国历史学派"的代表性经济学家，著有《恋爱、奢侈与资本主义》一书。在这本书中，桑巴特明确指出，"奢侈"催生和牵引了资本主义的经济体系，而女性主导的"恋爱"则是"奢侈"的根源。

对于桑巴特提出的"恋爱"推动经济的观点，也许有人会提出异议。不过任何人都能发现，人类的经济活动要远远超出人类作为生物生存所必需的最低限度。李尔王 17 世纪之初就曾高呼这个道理。实际上，自古以来就有各种宗教和伦理主张戒奢尚俭，这也反过来说明，人们在古代已经认识到生活中是存在过度"奢侈"的。

　　"过度的"经济活动是指哪种意义上的过度呢？接下来我们就再次回到这一根本问题的原点，先来说明应该如何衡量经济活动。

一个国家经济的活动水平——GDP 的计量

　　我们每个人的经济活动，即消费，基本上要取决于这个人的收入。在过去，个人收入一般都采用"月薪"的形式，最近"年薪"的形式越来越多。我之所以说消费"基本上"由收入决定，是因为收入是每月或每年获得的（流量），但人们的消费还会受到资产（存量）的影响。第 2 章曾介绍过，以浴池的水来比喻的话，存量是指某个阶段储存在浴池中的水量，而流量则是指一定时间内流入浴池的水量。二者之间存在关联，但概念的内涵不一样。收入、消费属于流量，而土地等不动产或者储蓄、存款、股票等金融资产，均属于存量。

　　以上说的是一个人或一个家庭的经济活动。整个日本的经济也是同样的道理。"国家的财富"可以看作是作为存量的资产，不过我打算从流量的角度来分析日本经济每年能够创造出多少经济价值，这个指标可以用国内生产总值（Gross Domestic Product，GDP）来表述。

某个年龄段以上的人也许会想，以前都是说 GNP 的啊。GNP 是指国民生产总值（Gross National Product），与现在使用的 GDP 有一些细微的区别。GNP 不区分创造价值的地点是在日本还是在国外，指 1 年之内由日本人或日本企业创造出的经济价值的总和。而 GDP 则不区分是日本人或日本企业创造的，还是外国人或外国企业创造的，统指 1 年之内在日本境内创造出的经济价值的总和。活跃于美国的日本运动员的收入属于日本的 GNP，但不会被统计进 GDP。另一方面，在日本活动的外资企业的利润不会计入 GNP，但属于日本的 GDP。现在，包括日本在内的世界各国的通用指标是 GDP。

无论是 GNP 还是 GDP，这些概念并不难理解，只要明白它们都是指日本经济在 1 年之内的经济价值总和，其实是很好懂的。但是，说来容易，做来难。要统计出 GDP 的具体数字绝非易事。

人们尝试统计 GDP 的历史，可以追溯至 17 世纪的威廉·配第，不过真正卓有成效的努力则始于 19 世纪末的英

国。1815 年，在战胜拿破仑后，维多利亚女王治下的英国
迎来经济繁荣的局面。但到了 19 世纪 70 年代，英国便被
当时的新兴国家德国和美国赶超上来。当时，虽然有关于钢
铁、纤维等的产量和贸易方面的通关统计，但尚不存在衡量
经济整体规模的"指标"。相比德国和美国，英国的经济规
模到底有多大呢？它是以什么速度增长的呢？为了解答这些
问题，英国开始进行 GDP 统计 —— 当时还没有 GDP 这个
名称。最终在第二次世界大战期间，以凯恩斯的两位学生理
查德·斯通（1913—1991 年，1984 年诺贝尔经济学奖得主）
和詹姆斯·米德（1907—1995 年，1977 年诺贝尔经济学奖
得主）为中心，GDP 统计的主体框架终于完成了。从那以
后直到今天，这个框架仍旧一直被不断完善，现在这些工作
主要由联合国展开。

不完善但却有用的指标

那么，GDP 是指 1 年之内在日本创造的全部经济价值，
准确地说是"附加价值"的总和，而且需要注意如下几点。
例如，作为"经济价值"，GDP 只统计在市场上交易的商品

和服务的价值。家庭内部的家务劳动不会反映到 GDP 中。因此，在家里吃饭不会创造 GDP，但在外面就餐则会带来 GDP 的增加。父母亲自抚养孩子不会创造 GDP，但如果把孩子送入托儿所则会带来 GDP 的上升。如果使用 GDP 作为衡量我们生活的富裕程度或福利水平（welfare）的尺度，上述几点区别有时会令人费解。

进一步深入探讨，我们还会发现一些更奇怪的现象。例如，如果冬季发生严重的流感疫情，这部分医疗费用就会带来 GDP 的增加；美丽的海洋或河流、蔚蓝的天空、清洁的空气等受到污染，人们为了缓解环境危机而采取相应措施，即使环境无法恢复到原先的水平，GDP 也会增加。

看到这些例子，可能您会觉得 GDP 真是又荒唐又不好用。的确，了解 GDP 的局限非常重要。不过 GDP 是十分重要的统计数据，所以也难以立即废弃不用。在为解决各类问题寻找突破口时，一个国家的人口数量是重要信息，同样对于一个国家的经济整体规模日益复杂的现代经济社会而言，GDP 也是不可或缺的重要信息。正因为如此，人们才会花费长达 5 个世纪的漫长岁月，对 GDP 统计进行完善。今天，GDP 统计的改良也一直在进行。

作为衡量福利水平以及"富裕程度"的尺度，GDP 不够完善。但如图 4-1 所示，人均 GDP 水平与平均寿命之间存在清晰的正相关关系。看到这一点，相信任何人都能理解 GDP 的意义了。对于人均收入与平均寿命之间的关系，前文介绍的迪顿的《逃离不平等》等也曾提出过不同观点。但我还是坦率地认为，收入的提高会通过各种渠道来增进健康和延长平均寿命。

图 4-1 人均 GDP 与平均寿命（2010 年）

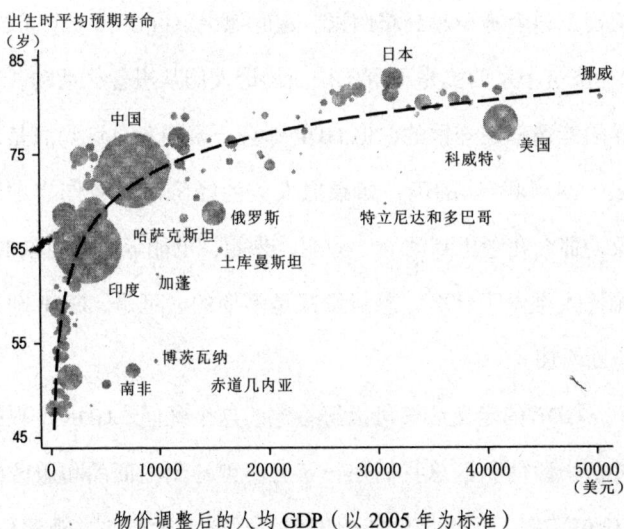

出生时平均预期寿命
（岁）

中国
日本
挪威
科威特
美国
俄罗斯
哈萨克斯坦
特立尼达和多巴哥
土库曼斯坦
印度
加蓬
博茨瓦纳
南非
赤道几内亚

物价调整后的人均 GDP（以 2005 年为标准）

出处：安格斯·迪顿，《逃离不平等》。

注：图中的圆形大小与人口数量成比例。

什么是经济增长

作为衡量福利和幸福的标准，GDP 极不完善，但从图 4-1 也可以发现，GDP 是无法忽视的经济指标。GDP 的增加意味着"经济的增长"。如果 GDP 由上一年的 100 变成今年的 102，那么"经济增长率"就是 2%。关于 GDP 的增长，我有着一段难忘的记忆。

那是在 20 多年前，持续至深夜的会议结束后，我和一位理工科老师一起赶着回家。这时他突然问了我一个问题："经济这个东西真是不可思议。无论人们从事什么活动，世界的能量都是守恒的，但 GDP 却会一直增长，这到底是怎么一回事呢？"的确，如果把人类的经济活动看作物理现象，那么在考虑到动能、势能、热能、电能等所有能量时，无论人类做了什么，总能量都是不变的。可是，GDP 却在不断增加。

GDP 的定义应该可以解答他的这个疑问。GDP 是根据价格来评估和汇总我们在一年之内创造出的商品和服务的"价值"的。价格是价值的表现，反映了人们的主观评价。例如在烹调的过程中，无论以什么方式来加热食材、变换佐料，能量都是不变的，但成品菜肴的价格却是千差万别。如果人们觉得这道菜肴的"美味"值得为之付出昂贵的价格，那么它的价格就会很高。反之，人们的评价越差，价格就会越低。GDP 以及作为其基础的价格，本质上是人们从主观上给商品和服务等打出的分数。从这个意义上看，经济确实是"人本位"的。

谈到人本位，或许有人会把它理解为人类的自私。但是，人本位绝不是经济范畴所特有的。如果不是人本位，那么就不会有"疾病"的概念了。因为对疾病和死亡等现象来说，它们的发生不会带来能量的变化，单纯作为物理或化学现象来看的话，它们并没有任何"异常"之处。因为人体不会违背物理或化学规律。而人们之所以关注疾病或死亡，不用说，这正是出于人本位的立场，因为人类把这些现象视为负面的。如果不是人本位，"医学"这种学科就不会存在。这样来看，人们根据主观的价值标准，对各类商品和服务（当然也包括医疗）以价格的形式"打分"，也并没有什么不可思议的。或者可以说，作为人来说，这是很自然的。

所以即使能量不变，GDP 作为主观上的"总分"也会增加。当然，有时 GDP 也会减少。实际上，从 1997 年至 2011 年，日本的名义 GDP 由 523 万亿日元下降至 471 万亿日元。但自 18 世纪工业革命以来，包括日本在内的发达国家的 GDP 的长期趋势是增加的。

那么 GDP 为什么会增长？它绝对不是人口增加带来的，这一点在第 2 章已经做了说明。回顾明治初年至 20 世纪长达 100 年的日本经济发展史，也可以发现 GDP 的增长与人口动态几乎毫无关系（参见第 2 章图 2-5）。正如约瑟夫·熊彼特所洞察到的，发达国家的经济增长是由创新带来的。是创新推动了"人均"GDP 的增加。

1931 年 1 月 30 日，在东京大学演讲的约瑟夫·熊彼特

（右数第三位是约瑟夫·熊彼特。摄于安田讲堂前。约瑟夫·熊彼特左边是河合荣治郎，再左边是东畑精一。该照片为东畑纪念馆所藏。）

我们要关注的是催生经济增长的创新具有哪些性质和内涵。本书的结论是"产品创新"能够带来崭新的产品和服务，在经济中发挥着最重要的作用。在分析这一点之前，我们先来看看是什么阻碍了发达国家的经济增长。

需求的饱和

社会对现有产品和服务的需求一定会饱和。这个事实堪称规律，是抑制发达国家经济增长的根本原因。即使需求以及随之而来的产量在最初快速扩大，但其增长率终将放缓。不仅增长会停滞，在极端的情况下，还会有一些商品和服务会由于熊彼特提出的"创造性破坏"（creative destruction）而遭到淘汰，最终消失得无影无踪。取暖用的木炭等就是典型的例子。

日本总务省统计局公布的"消费价格指数"（CPI）会根据消费结构的变化，每隔 5 年调整基准年，更换对象物品清单（表 4-1）。从这份清单中消失的产品和服务就是因创造性破坏而被"破坏"的产品和服务的代表。毋庸赘言，新添加进清单的产品和服务则是产品创新的成果。

表 4-1　消费价格指数（CPI）基准年的主要调整品目

基准年	主要添加品目	主要废止品目
1960 （昭和 35）	乳酸菌饮料、房租（公营）、电饭锅、烤面包器、电视机、电冰箱、口红、电视收视费、照相机、住宿费	火柴、草纸、墨水
1965 （昭和 40）	方便面、奶酪、生菜、蛋黄酱、香蕉、草莓、速溶咖啡、吸尘器、手表、液化气	斑豆、芝麻、驱虫剂、广播收听费
1970 （昭和 45）	速食咖喱、柠檬、哈密瓜、可口可乐、电视机（彩色）、室内冷气设备、航空运费、轿车、汽油、保龄球费、胶卷（彩色）、汽车驾驶训练费	葫芦干、运动服、柴火、棉绒布、哔叽、学生帽
1975 （昭和 50）	冷冻半成品食品、西柚、立体音响、录音机、保鲜膜、牛仔裤、卫生纸、补习班	鲸鱼肉、合成清酒、缝纫机（脚踏式）
1980 （昭和 55）	牛肉（进口）、橘子、薯片、微波炉、床、面巾纸、冲调饮料、小型计算器、辅导费（游泳）	电视机（黑白）、木炭、电报费、胶卷（黑白）
1985 （昭和 60）	室内空调（冷暖兼用）、按摩费、运费（快递）、录像机、宠物食品、辅导费（音乐）	价廉物美的好米、甜纳豆、蜂窝煤、运费（铁路）
1990 （平成 2）	西蓝花、汉堡包、拖把租金、隐形眼镜、文字处理器、摄像机、微型光盘、录像软件租金	菜花、江米条、沙石、煤炭、笤帚、钢笔、唱片

续表

基准年	主要添加品目	主要废止品目
1995 （平成 7）	外国大米、比萨饼（外卖）、净水器、芳香剂、普通轿车（进口）、汽油（溢价）、电话机、足球赛事门票	鱼肉肠、焦糖、三合板、粗糙手纸
2000 （平成 12）	矿泉水、发泡酒、水洗坐便器、短期入院式体检费、移动电话通信费、个人电脑、全包出境游、辅导费（英语会话）、染发剂、养老院护理费	双缸洗衣机、录音机、小型计算器、辅导费（珠算）
2005 （平成 17）	利久酒、保健品、车载导航仪、移动电话、超薄电视机、光碟录影机、健身俱乐部使用费、瘦身美容费	指定标准米、缝纫机、录像机、铅笔、辅导费（西式裁缝）
2010 （平成 22）	色拉调味汁、纸尿裤（大人用）、预防接种费、高速巴士费、车载 ETC、电子词典、宠物美容费、存储卡	水壶、与和服配套的日式拖鞋、电视机修理费、相簿、胶卷
2015 （平成 27）	咖啡饮料（便利店自助式）、空气净化器、助听器、电动自行车、宠物厕所用品	柠檬、儿童午餐套餐、泥瓦匠手工费、车载 ETC

出处：日本总务省统计局，消费价格指数（CPI）概要。

像这样，有一些产品和服务的需求及产量会逐渐减少，直至最终从市场上消失。不过在多数情况下，产品和服务的需求以及产量会随着时间而增加。但它们的增长率会逐步放缓，逐渐成为零增长，最终无限接近天花板。也就是说，增长路线并非如经济理论经常估计的那样呈现"指数函数"式态势，在任何阶段都以一定的增长率上升，而是表现为 S 曲线，即"logistic 曲线"（logistic curve）。在 logistic 曲线中，增长率在最初会加速，逐步迎来拐点，然后开始下降，趋近于零。因此，logistic 曲线在整体上呈现为 S 形。

一直以来，针对现有产品和服务的需求及产量，人们就增长的"生命周期"做了大量的实证性研究。例如，两位技术人员费希尔与普瑞提出了以新旧产品的"替代"（substituion）为核心概念的模型。在该模型中，新产品的增长遵循 logistic 曲线。二人将这个模型应用于天然橡胶、合成橡胶等各类产品，证明大量产品都是沿着 logistic 曲线增长的。图 4-2 以 1 为最高值，描绘出美国近 100 年期间各类产品的增长模式，显而易见，众多产品的增长都体现为logistic 曲线。

在运用费希尔 - 普瑞模型来分析日本情况方面，弘冈（2003）展开了一系列研究（详细内容请参见本章末尾的补论）。

图 4-2　logistic 曲线（费希尔 - 普瑞的替代模型）

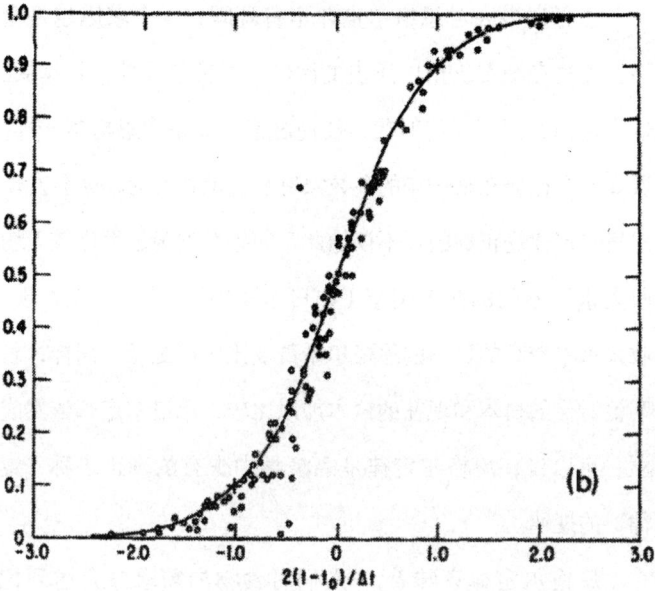

出处：Fisher and Pry（1971），p.87，Fig.9（b）。

恩格尔定律

费希尔、普瑞以及弘冈的发现主要是制造领域的需求饱和，实际上，涉及"需求饱和"的文献早已存在。其中最有名的是德国统计学家恩格尔（1821—1896 年）在 1895 年根据比利时的家庭支出情况调查总结出的"恩格尔定律"。

想必许多人对恩格尔定律早有耳闻，一个家庭越是富裕，食物在消费支出中所占的比例（恩格尔系数）就越低。这个定律适用于任何时代、任何国家。如果像恩格尔一样，调查一个社会在某一年的多数家庭经济消费行为，就会发现恩格尔定律是正确的。不仅如此，如果在宏观层面比较人均收入水平不同的两个国家（如日本和中国），也可以发现，收入水平较高的日本的恩格尔系数要比中国更低。同样，对明治时代的日本和现在的日本加以比较，恩格尔定律依然成立。可以说，恩格尔定律是经济学中少有的真正堪称"定律"的规律。

恩格尔定律意味着，"人们对食物的需求终会达到饱和"。那么人们对食物的需求为什么会饱和呢？原因无疑是一个最简单的事实，即一个人对食物的需求在生理上是有极限的。即便是面对法国料理等价格昂贵的"食物"，人们最终也无法超越"肠胃的生理极限"。

由于人们对于食物以及农业的需求会饱和，所以超出这个范围的经济增长就需要依赖农业之外的工业和服务业来牵引。其结果就是，随着人均收入的提高，农业所占的比例必然下降。换句话说，就是恩格尔系数会降低。如前所述，恩格尔定律是在"人们对于食物的需求终会达到饱和"这一事实的前提下成立的。

成熟经济承受的下行压力

恩格尔在食物方面发现的"需求饱和定律"，绝非仅仅适用于食物。正如费希尔、普瑞以及弘冈所发现的，一切物质的需求都必然会达到饱和。

对于需求饱和这个最重要的事实，过去也曾经有一位伟大的经济学家注意到了。丹尼斯·罗伯逊是凯恩斯的友人，后来作为亚瑟·庇古的后继者成为剑桥大学的经济学教授，当时牛津大学和剑桥大学的经济学教授都只有一名。1930年 4 月，在英国政府设立的"麦克米伦委员会"上，罗伯逊就正在蔓延的经济大萧条陈述了自己的观点。

罗伯逊认为经济大萧条的首要原因在于"需求饱和"（the gluttability of wants）。他接下来指出，这是"最根本却又最难分析、最难解决"的问题。一旦需求饱和波及大量产品和服务，经济就会陷入严重萧条。要解决这个问题，"只有不断地持续刺激新的欲望"。接着，十分擅长讽刺的罗伯逊继续以嘲讽的语气说道："实际上，锲而不舍地践行这种不道德的（immoral）方法的国家，成功地延迟了大萧条的到来"。他特意不说"解决"，而说"延迟"，因为他认为即便持续地刺激新的欲望，经济还是无法战胜"需求饱和"，最终仍将不得不陷入大萧条的境地。

罗伯逊发表上述观点的几年之后，凯恩斯也在《就业、利息和货币通论》中阐述了"需求饱和"问题：

这样说来，古埃及确实非常幸运。毫无疑问，它具有神话一般的财富。这主要得益于当时人们具有建造金字塔和寻找贵重金属这两种活动，而且这两种活动的结果不会被人们用于消费，人们也不会由于金字塔和贵重金属数量丰富而变得堕落。而在中世纪时，也有一种类似的行为，那时的人们修建教堂和做道场。修建两座金字塔、做两次道场是修建一次金字塔和做一次道场给人们带来利益的两倍。但是从伦敦到约克郡之间修建的两条铁路不会带来这样的效果。所以从个人角度来考虑时，我们应该努力把自己培养成一个节俭的理财家；当我们大量建造房屋居住时，也应该考虑一下这样做给后代所带来的"财政"负担。现在，我们找不到可以避免失业的方法。

古埃及的金字塔、中世纪的教会，无论建造数量有多少，它们带来的便利和收益都不会减少。因此，需求不会饱和。然而，在现代发达国家的经济中，对于现有产品和服务的需求一定会达到饱和。如此一来，经济就会慢慢地遭受需求不足的困扰。

生产了也卖不出去（没有需求），因此企业不再生产，其结果是不再雇用工人，导致失业发生。凯恩斯经济学的"有效需求原理"，即决定一个国家的经济活动水平的是总需求这一理论，也是基于人对现有产品和服务的需求终将达到饱和这一事实提出的。

产品创新

对现有产品和服务的需求一旦饱和，只要产品和服务的清单不变，经济的整体发展就终将不得不趋向零增长。对于大量产品和服务都已经普及的"成熟经济"而言，一直都要面临着增长率下降的压力。在这种情况下，推动发达国家经济增长的源泉自然是"产品创新"，也就是能够带来更多需求增长的新型产品和服务的诞生。

　　凯恩斯和熊彼特的经济学通常被比喻为"水火不相容"，但在需求的饱和这一点上，二者的距离却突然缩短了很多。凯恩斯认为，应该通过政府的公共投资和低利率来克服需求不足导致的经济萧条。熊彼特主张，只有产品创新才是解决需求饱和带来的经济放缓的唯一途径。

　　实际上，如今引领包括日本在内的世界汽车产业发展的，是混合动力汽车、电动汽车和智能汽车等新型汽车。日本汽车产业能够在全球确立领先地位，也是因为在20世纪70年代，资源限制、燃油效率等成了全球性课题。日本汽车工业通过产品创新解决了这类问题，因此才成了世界汽车工业的引领者。现在的情况仍是一样的。

　　如果没有催生新型汽车的产品创新，只有传统的燃油汽车，那么汽车的需求一定会受到"人口"的限制。那样的话，就一定会出现罗伯逊和凯恩斯强调的"需求饱和"问题。另外还必须注意，这里讨论的需求不是指汽车数量，而是汽车数量与平均价格相乘得到的需求总额。适应时代要求的新型汽车，正在创造新的经济增长，它与人口之间并不是一一对应的。

　　我们身边还有很多关于产品创新的例子，例如纸尿裤。提到纸尿裤，大家都会觉得这是婴幼儿用品，但受少子化的

影响，婴幼儿纸尿裤的销量无法增加。一直这样的话，本来
难以期待纸尿裤的生产能够进一步增长，但有人提出了成人
纸尿裤的概念。成人纸尿裤不是生产技术上的创新，而是在
需求上的产品创新。在老龄化不断加深的背景下，成人纸尿
裤的生产增长迅速，2012 年的出库量已经超过了婴幼儿纸
尿裤（图 4-3）。

图 4-3　纸尿裤的出库量

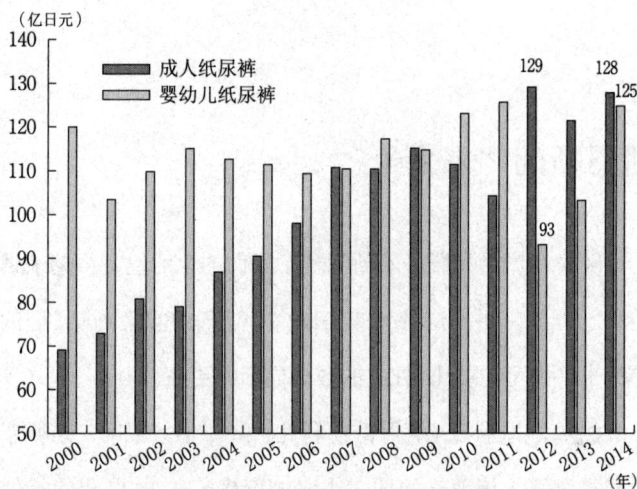

出处：日本经济产业省"工业统计"。

还有铁路公司把原本开往休闲度假景区的特快列车用于
远距离通勤列车。这是因为有一些乘客不愿意长时间挤在满

员的通勤列车上，他们宁愿多花一部分特快车费，也想坐着舒适的座位去上班。用特快列车满足这个群体的需求，这也是一项杰出的产品创新。由于劳动力人口的减少，通勤人数今后会从巅峰转为下降，不过如果能提供高附加值的，即单价较高的服务，销售额并不一定会减少。

上文列举的几个例子都是为了满足社会需求而产生的产品创新。我们可以发现，它们都是从不同于"人口"下行压力的角度来思考，创造出了新的经济增长。

凯恩斯的"未来论"

随着新产品和服务不断涌现，我们的生活也变得越来越便利。一般来讲，这将带来 GDP 的增长。事实上，我们的福利水平很可能要比 GDP 的数据显示的更高。

例如，关于"光亮"的便利性，经济学家威廉·诺德豪斯曾经测算 1 流明光照明 1 小时的价格。从 1827 年的蜡烛到 20 世纪 90 年代的最新型灯泡，尽管 1 流明光照明 1 小时的价格已经降到了原来的 1%，但产生"光亮"的蜡烛和灯泡的价格却涨到了原来的 8 倍。也就是说，在 150 年期间，

"光亮"的"真实价格"与用于统计的价格指数之间产生了800 对 1 的偏差。可见，至少在"光亮"方面，GDP 数据过低地反映了我们生活水平的提高程度。

如果经济持续增长，我们的未来生活究竟会发生怎样的变化呢？在经济萧条最严重的 1930 年，凯恩斯撰写了一篇名为《我们后代在经济上的可能前景》的散文，探讨了人类的生活在 100 年后，即 21 世纪初期会发生哪些变化。

在《我们后代在经济上的可能前景》的开篇，凯恩斯写道：有很多人认为，由于目前正在蔓延的经济大萧条，19世纪的经济繁荣已经终结，前途一片暗淡，至少英国的经济前景如此。但我认为这种说法是完全错误的。

凯恩斯乐观地预测：在进入 21 世纪初之前的 100 年里，由于技术进步和资本积累，人均所得会稳步提高，人们生活的富裕程度将远远超过 20 世纪 30 年代。从留有历史记录的公元前 2000 年到 18 世纪初，技术进步的速度缓慢得令人难以置信。但是，始于 18 世纪的高速技术发展在今后仍将持续。

除了技术进步，资本积累也将继续增加。在此过程中，"利息"将发挥巨大作用。如果向别人借钱，借款金额就会由于"复利"像"滚雪球"一样不断膨胀。这是任何人都明白的道理。资产的积累也是如此。我们生活在零利率长期持续，甚至逐步演变为"负利率"的时代，因此常常会忘记利息的力量。畅销书《21世纪资本论》的作者托马斯·皮凯蒂强调了利息带来的资产积累会导致不平等。凯恩斯也是毕生都很重视"利息的力量"。

为了说明这一点，凯恩斯在文章中举出的例子是英国的海外资产。1930年，英国持有的海外资产余额高达40亿英镑。这些资产最早源于1580年德雷克船长击败无敌舰队后从西班牙夺取的4万英镑。经过年利率3%的增值，4万英镑膨胀为40亿英镑。这就是"资本积累"。即使只有年利率2%的利息，资本在100年后也会增至原来的7.5倍。

凯恩斯的结论是，在不发生大规模战争以及人口暴增等条件下，随着技术进步和资本积累，发达国家在100年期间的生活水平将提高至原有水平的4到8倍。文章发表后不到10年，欧洲爆发了第二次世界大战，凯恩斯关于"不发生大规模战争"的这个假设落空了。尽管如此，他的文章还是乐观地描述了100年后的美好世界。

100年后的"富裕社会"究竟是怎样的呢？凯恩斯认为人类的需求（needs）可以分为两类。一类是不论周围的其他人境况如何，人们都希望自己必须拥有的产品和服务。生存所需的食物以及遮风挡雨的住宅，无疑都是这类需求的代表。另一类则是能够使人们产生凌驾于他人之上的优越感的产品和服务，是一种相对性需求。虽说人类的欲望是无止境的，但就大多数产品和服务而言，人们的需求终会趋于饱和。那时，人们一定更愿意把时间和精力投放到"非日常性"的目的上，而不是再生产更多已经饱和的产品和服务。在凯恩斯预想的 100 年后的世界，人们每周只需工作 5 天，每天只需工作 3 小时就够了。

在这样的社会中，人们也一定会产生"倦怠"。凯恩斯指出，20 世纪 20 年代，就已经有一些英国或美国富裕阶层的"有闲太太"们，由于拥有过多的金钱，失去了生活的目的，不知如何打发时光而陷入倦怠之中。那么，人们为了摆脱这种状态而去追求的"非经济性"目的到底应该是什么呢？对于年轻时曾与布鲁姆斯伯里团体的艺术家们交好的凯恩斯而言，答案是"艺术"。不管怎样，在 100 年后的 21 世纪初实现的富裕社会里，"经济"在人类历史上将首次成为次要问题，而经济学家的作用会变得如同牙医一样，那该多么美好啊。这是凯恩斯在文末写下的话。

凯恩斯的预测并没有实现。每天 3 小时、每周 15 小时的劳动时间在现在以及不远的将来，都还很难实现。现实是，不只发展中国家，就连发达国家也存在"贫困"问题。对我们来讲，经济依然是一个重要问题。

穆勒的零增长论

与凯恩斯的预测相反，到了 21 世纪，经济问题没有呈现出任何即将得到解决的迹象。但是，如果经济持续增长，"无比富裕的社会"，凯恩斯在文章中使用的是"天国"（bliss）一词，也许会在某一天到来。到那时，我们将不再需要经济增长。这意味着零增长社会的到来。

零增长论在历史上曾经反复出现。在经济学领域最有名的是约翰·斯图尔特·穆勒（1806—1873 年）在 19 世纪关于零增长论的论述。穆勒因《论自由》等著作而闻名，被誉为 19 世纪英国的"知识巨匠"。他的鸿篇巨制《政治经济学原理》是汇集了从亚当·斯密到李嘉图的古典经济学理论的集大成之作，其中题为"论静止状态"（stationary state）的一章（第 4 篇第 6 章）就是穆勒的"零增长论"。

在讨论经济增长和发展的章节之后，在仅有六页篇幅的"静止状态"这一章的开篇，穆勒提出疑问：增长和发展的目标究竟是什么？当时，以亚当·斯密为首的经济学家们都认为经济的增长和发展才是"富裕"的基础。无论"经济水平"有多高，零增长都无法带来富裕的社会。这就是经济学家们的想法。但他们也并不认为经济能够无限地增长。在某一时刻，经济终将不可避免地到达零增长，即"静止状态"的阶段。

穆勒与其他经济学家不同的是，他不是消极地看待静止状态，而是对其做出了积极评价。穆勒指出，人们热情地宣扬增长，但他讨厌人们为了实现增长而相互竞争乃至排挤的社会。

穆勒的观点让我们联想到夏目漱石在《现代日本的开化》这篇演讲中的一段名言：

> 一方面各种发明和机器源自人类希望尽可能节省力气的愿望，而另一方面，娱乐的目的则在于尽可能任性地消耗自己的精力。这两个方面互为经纬，千变万化、错综复杂地编织出如今这不可思议的现象，即混乱不已的开化。
>
> ……
>
> 无论开化如何向前发展，它带给我们内心的安全感却总是极为微弱的，再加上与别人的竞争等其他许多不

可避免的担忧，我们的幸福感与野蛮时代相比，似乎并无太大改变……（《漱石全集》第 11 卷）

夏目漱石在此处所说的"开化"，大致相当于"经济"的发展。

经济发展可以使人们的生活更加便利，但却并不一定让人能实际感受到"富足"，这被夏目漱石称为"开化带来的一大悖论"。产生这种现象的一个原因是，西方的开化是"内发"的，而日本的开化是"外发"的。

受到此种开化影响的国民，必定感觉到某种空虚，必定感到不满和不安……

一言以蔽之，这是由于现代日本的开化只不过是浮于表面的开化。（《漱石全集》第 11 卷）

那么，人们到底应该怎么做呢？夏目漱石的下一句话广为人知。

然而，我并不是说要因为开化的弊端而停止开化。事实上我们无可选择，只能把打落的牙咽进肚子里，一

直这么堕落下去。(《漱石全集》第 11 卷)

静止状态下的幸福论

我们再回过头来看穆勒。关于自己的理想，穆勒说道：

> 对人类而言的最佳状态是，任何人都不会觉得自己
> 很穷、自己必须变得更加富裕，任何人都不会由于别人
> 追求富裕的努力而感到威胁。(《政治经济学原理》)

穆勒继续指出，贫穷的发展中国家可能仍然需要经济增长，但对于英国等国家而言，他们需要的不是经济增长，而是更加平等的收入分配。关于这一点，穆勒认为，要实现平等的收入分配，严格的人口控制必不可少。他的这个观点耐人寻味。任由人口增加，将永远无法实现收入的平等分配。在这一点上，穆勒的观点与马尔萨斯相似。

在发达国家，如果保持技术进步，即便人口增加了，也许仍能保持人均收入水平。但即使在经济方面能够通过技术进步维持一定的生活水平，人口的增加也必然会导致"人口

密度"提高。接下来，穆勒提出的观点值得在信息化社会中
不断通过手机或电子邮件与他人保持联系的现代人反思。

> 对于一个人来说，必须随时展示自己的存在并非一
> 件幸事。使世界消除寂寞是一种极其糟糕的理念。寂寞，
> 经常是从个人独处的意义上讲的，它是思想深刻和性格
> 沉稳所不可或缺的。

穆勒还进一步指出，经济增长必然会改变自然，但保留
自然的原貌十分重要。他充满诗意并且超前地预见了当今的
环境问题。在此基础上，穆勒指出，在英国等发达国家，零
增长社会绝不会带来"贫穷"。与盲目追求经济增长相比，
"静止状态"才能给人们带来更大的幸福（happiness）。

今天，与穆勒观点相似的"零增长论"仍然是一种十分
有力的观点。例如，经济学家橘木俊昭针对差距问题等对日
本经济展开了杰出的实证性研究，他指出"幸福的源泉并不
只有经济增长"，消除差距要更为重要。他从这个立场出发，
在谈及穆勒的思想的同时，提出了以下观点：

> 我们可以结合现代日本的情况来思考零增长论。日

本人在近二三十年期间选择了少子化的道路。这导致劳动力短缺，减少了家庭的消费需求，因此也意味着日本人选择了经济负增长。

这种情况下，要实现年增长率 2% ~ 3% 的战略已经不可能。但我认为负增长率会导致生活水平下降，我们应该避免，而 0% 的增长战略则是可以接受的。(橘木俊昭《解读 21 世纪的资本主义》)

要增长还是要平等

第 2 章已经指出，人口的减少并不直接意味着经济的负增长。从第二次世界大战后日本经济高速增长时期至今，相关讨论一直反复进行。其中在经济高速增长正式开始的 20 世纪 50 年代末，经济学家都留重人与提出"收入倍增计划"的总理大臣池田勇人之间的论争堪称典型。

对于池田最初提出的"月薪两倍论"，都留给予详细的批判：

鉴于上述考虑可知，"月薪两倍论"的豪言壮语缺乏理论根据，要实现这一目标的实际困难较大。

特别是，如果为了强行实现收入倍增而采取积极的刺激政策，则容易导致通货膨胀……

即使不考虑通货膨胀的问题，说到底，"收入倍增"这种问题为什么会成为首要问题呢……就现在的日本而言，与普遍提高国民收入相比，缩小各阶层间的收入差距才是最大的问题。（《"收入倍增"果真能够实现吗?》，《朝日周刊》1959 年 7 月 19 日号）

都留的观点是，收入分配要远比经济增长更为重要。对此，当时担任岸信介内阁通商产业大臣的池田予以回应：

本刊七月十九日号卷首的都留重人先生的文章缺乏大局观，对于枝节问题过度纠结，令人为之略感遗憾。倍增的是总收入、人均收入还是月薪，这个问题在基本意义上并不重要。重要的是，我们必须尽最大努力，尽早实现倍增的目标。

……

日本经济当中，确实存在都留先生所指出的，所谓双重结构的问题。但是，这类问题必须在经济增长和发展的过程当中处理，才能更顺利、更妥善地解决。都留先生极力论述"重组"产业结构的困难，但这是以停滞性经济为前提的，而振兴时期的产业结构的变化，可以通过增长部门快速吸收就业人口，自动且迅速地得到发展。

缩小收入差距当然非常重要。但是，我难以赞成这种以"不患寡而患不均"的战时非正常经济意识或停滞性封建经济意识为基础的思考模式。我们应该在扩大经济、增加总生产的过程中缩小收入差距。一般而言，经济增长问题及其附带的双重结构等问题都应该在动态的发展过程中去理解和解决。(《振兴期的日本经济》,《朝日周刊》1959 年 8 月 2 日号)

经济增长是否必要

要增长，还是要平等？这是经济学家反复探讨的问题。我在拙著文库版《高速增长——改变日本的 6000 天》的后记中，也曾经阐述过"经济增长是否必要"的问题。虽然有部分内容是重复的，我还是打算在本书的最后再来讨论一下这个问题。

高速增长大约在 40 年前结束，人们开始对之前一直习以为常的经济增长产生了很大的疑问。1972 年，国际民间学术研究团体罗马俱乐部（Club of Rome）在报告《增长的极限》中指出，在有限的地球环境下，人类应该控制经济增长。这份报告成为时代转变的象征。在那之后的 40 年里，社会上一直流动着一种共通的情绪，仿佛"经济"是一种应该回避的可疑的存在。

说到"市场原理主义"，任何人都会想象到冷酷无情、毫无人性的社会机制，为了追求"经济效率"也确实曾导致了各种事故，特别是 2008 年，"贪婪的资本主义"导致泡沫破灭，这场金融危机使全球成千上万无辜的人失去工作。"经济增长"象征着已经完成了使命的经济至上主义。关于 2011 年 3 月 11 日"东日本大地震"，佐伯启思的观点代表了许多日本人的心情。他写道，"肆虐的自然力量凶猛无比，给日本人的精神世界造成深深的伤害。可能有很多人由此改变了自己的生死观和自然观。'扩大生产，拥有财富，获得自由'这种战后日本的价值观和幸福感彻底崩溃了"。（《读卖新闻》2011 年 12 月 17 日）

其实这种情绪绝不是 20 世纪下半叶至 21 世纪初才萌芽

的。前面介绍了穆勒的"零增长论"，早在那之前的 19 世纪初的欧洲，作为新思潮的"浪漫主义"针对欣欣向荣的资本主义提出的反命题在本质上就是"反经济"。只要稍加留意，无论在东方还是西方，都能找到很多类似的观点。

乌拉圭前总统何塞·穆希卡号称"世界上最穷的总统"，一度成为人们谈论的话题。在 2012 年的联合国会议上，面对来自 188 个国家的听众，他说道："所谓的穷人，不是指那些只拥有很少东西的人，而是指那些欲望无穷、永远不知道满足的人。"这句话触动了无数人的心弦。

可以说，人类的历史是"浪漫主义"式思潮与"合理主义"相互对立的历史。前者对经济态度冷淡，后者则对前者持批判态度。

《老子》提倡无为自然，主张"甘其食，美其服，安其居，乐其俗"，即人类应在自然之中领悟自己的地位，接受现状，而不无谓地追求数量。无疑，《老子》是"反增长""反经济"的。很多人凭感觉认为，谋求经济增长的观点源自西方，而东方思想原本就是追求以《老子》为代表的"寡欲"的境界的。

经济增长的恩惠

东西方思想之间的确存在不小的差别。不过，事情并非如此简单。因为老子所代表的思维方式一直遭到位居东方思想之首的儒家的严厉抨击。例如，唐代大儒韩愈的《原道》（意为"真正之道"）等文章便是其中的代表。

"古之时，人之害多矣"。远古时期，人类所处的环境极其恶劣。而显著改善这种环境的人正是"圣人"。"寒然后为之衣，饥然后为之食"，继而"为之医药以济其夭死"。

内藤湖南也表达过类似观点：

> 在中国，为人们创造出各种生活所需的工具乃至文物典章的人被称为圣人。从伏羲、神农到周文王周武王均是具备这样特征的人物。（内藤湖南《增补日本文化史研究》）

在西方，也有托马斯·霍布斯（1588—1679 年）曾一针见血地指出，自然状态下的人类处于"恶劣、凶险、短命"的状况中。

提倡"反经济"和"反近代主义"的人，在自己生病时，真的会拒绝使用抗生素吗？昭和 34 年（1959 年）的伊势湾台风曾导致 5000 多人死亡和失踪，而现在的台风却不会造成如此众多的人员伤亡。在这种时候，我们才会认识到"文明的可贵"吧。韩愈指出，老子的主张并不现实。也许很多人认为儒家思想太陈腐，其实恰恰相反，儒家思想的基础中有着不同于老子的、清晰明快的"合理主义"。可以说，儒家思想中所谓的"圣人"就是主导创新的人，即革新者，他们所从事的创新被熊彼特视为推动资本主义发展的原动力。因此，儒家思想（包括作为江户时代 300 年武士社会基础的理学）明显具有"专业型经济"的性质。

当然，我并不是想要把儒家思想作为例证来宣扬经济增长至上主义。在重视地球环境可持续发展的今天，已经没有人会提倡以经济增长本身为目的的"增长至上主义"了。但是，忘记经济增长的成果、轻率地标榜"反增长"的思维方式无疑是危险的。

例如，把经济增长缓慢的江户时代美化成可持续的静止社会的观点，无疑过于片面。当然，江户时代也有很多优点，不过有一篇叫作《人骨讲述的江户》的新闻报道更能让我真实地体会到那时的情况：

国立科学博物馆保存了大量在开发东京都的过程中挖掘出的人骨。数目大概有 1 万具……

人骨可以告诉我们在江户时期人们的生活状况。他们极其营养不良，尤其缺铁。在现代，年轻人的死亡率很低，但江户时代的人骨中却有很多是年轻人的。这说明当时经常暴发传染病，轻易就会有许多人丧命。

江户时代成年男性的平均身高是 150 ~ 155 厘米，女性要比男性矮 10 厘米左右，在日本的所有历史时期中处于最低水平。这不仅是由于营养状况恶劣，还与狭窄房屋中的密集生活带来的压力有关。"江户人的生活状况非常悲惨，可以用贫民窟来形容，人骨揭示了江户时代的这些黑暗面"。（《朝日新闻》2011 年 12 月 17 日晚报）

如上所述，确实有一些经济学家主张"零增长论"。但是，通过比较江户时代的"真相"和今天的情形，我们应该更坦率地承认经济增长为我们带来的恩惠。

娱乐的作用

我曾在前文介绍了维尔纳·桑巴特的观点，他认为"奢侈"是推动经济增长的根本性因素。早在 100 年前，夏目漱石就已经指出，"过度"的奢侈虽然不能说是美德，但也不能一概否定。前面引用过的《现代日本的开化》中也有类似表述：

> 通俗地讲，人类会变得越来越奢侈。道学家从伦理的角度出发，一直劝诫人们不要奢侈。这当然没错，但这种劝诫违背了自然的大势，因此任何时候都是行不通的。联想到人类从古至今是多么奢侈，自然就会理解这一点。

当然，有一些奢侈行为毫无意义，理应遭到否定。夏目漱石无疑也承认这一点。例如，因石油暴富的中东某国曾经用黄金来制造电梯。这让人觉得很荒唐。如果经济增长是为了打造黄金电梯，相信任何人都会觉得宁可经济不要增长。

尽管类似黄金电梯的荒唐事不时出现，但从 18 世纪以来，经济增长已经历时 250 年，它到底给人类带来了什么？

这才是我们应该思考的问题。夏目漱石指出的"一方面，各种发明和机器源自人类希望尽可能节省力气的愿望，而另一方面，娱乐的目的则在于尽可能任性地消耗自己的精力"，这在本质上是什么呢？

毋庸赘言，娱乐不是为了某种"理性的"目的而进行的。荷兰历史学家约翰·赫伊津哈因名著《中世纪的衰落》而广为人知，他在另一本著作《游戏的人》中阐述了娱乐和游戏对于大脑发达的人类所起到的本质作用。不过享受娱乐并不是人类的专利，看到小猫玩耍毛线团的情景，我们就会理解一点。

创新的局限与寿命

我们暂且把"娱乐"放在一边，接下来看看夏目漱石所说的"各种发明和机器源自人类希望尽可能节省力气的愿望"的效果。很明显，这些商品或服务直接为人类带来了"便利"。不过再细细一想，我们还会发现，它们最终为人类"延长寿命"做出了重要贡献。

除了医疗技术和医药用品，具有较高营养价值的食品等都能"延长寿命"，这不用说。不过，促进人类平均寿命延长的商品或服务绝不仅仅是这些。高品质的住宅里能够遮挡寒冷冬夜从外面吹入北风的窗户和保温效果良好的墙壁为降低婴幼儿和老龄人的死亡率做出了贡献。各种交通手段的发展，不仅在娱乐方面能够实现人们远途旅行的愿望，还能使我们避免由于日夜步行而消耗大量精力，因此也自然有助于平均寿命的延长。电梯和自动扶梯也具有同样的效果。

前文曾反复提到，发达国家的经济增长主要靠产品创新来牵引。创新产生的许多新型商品或服务，最终也为平均寿命的延长做出了贡献。如前面介绍的，这也正是唐朝的韩愈所指出的。在任何时代，经济增长都会带来平均收入的提高，使人们能够购买这些新商品或新服务。因此，与马尔萨斯的预测相反，发达国家的平均寿命一直在延长。

这样思考下去，发达国家是否已经不再需要经济增长这个问题，归根结底要取决于人们是否认为平均寿命超过 80 岁就足够了，是否不再需要继续提高了。

的确，平均寿命超过 80 岁之后可能就会逐渐接近生物学上的极限。事实上，生物学家本川达雄教授在《大象的时间，老鼠的时间》《生物文明论》等著作中对动物的寿命做过阐述。无论是大象、老鼠，还是人类，所有动物都会在心脏跳动 15 亿次后死去。不过体重越大的动物，心脏跳动 1 次所需要的时间越长。3 吨重的大象与 30 克重的家鼠相比，前者心脏跳动 1 次所需时间是后者的 18 倍。也就是说，大象的心脏跳动要慢得多。但是任何动物死亡之前的心跳数都是 15 亿次，所以家鼠只有两三年的寿命，而大象的寿命却长达 70 年。那么，人类呢？人类心脏跳动 15 亿次后的寿命竟然只有 42 岁！如果将 42 岁看作生物学上"自然发展"的人类平均寿命的话，发达国家的平均寿命已经接近它的 2 倍（感兴趣的读者可以参考《科学》杂志［2014 年 12 月号］的寿命特辑）。

如果发达国家的平均寿命已经接近生物学极限，那么从长期来看，产品创新的收益可能将会逐渐降低。事实上，在 21 世纪前 10 年，在从 20 世纪初开始领导世界经济 100 年的美国，生产率的提升幅度也出现显著下滑，如今有越来越多的人开始讨论世界是否已经进入"长期停滞"（long stagnation）的阶段。让人们感受到经济长期萧条时代来临的征兆是历史上从未出现过的低利率（2016 年 7 月，10 年国债利率在美国为 1.42%，德国为 -0.02%，日本为 -0.225%）。

日本经济的未来

最后，我们来探讨一下日本经济的未来。在日本，战后复兴以及随后的经济高速增长已经成为历史，盲目的增长至上主义也在 20 世纪 70 年代后逐渐偃旗息鼓。这是发达国家历史发展的必然。不过，这个情况与理论上的零增长论不同。成熟的发达国家基于各自经济情况实现经济增长，要远比零增长更符合自然规律。这就像人按照自己的节奏步行，要比一直静立在某处更舒服一样。在零增长状态下，劳动力人群，尤其是年轻人的就业会不断恶化。从这个角度来看，我们也需要维持经济的增长。这就是我的观点。

日本的平均寿命是男性 80.5 岁，女性 86.8 岁（2015 年数据），可能确实正在接近生物学上的极限。不过，"健康寿命""生活品质"等问题仍然有待解决。在 21 世纪，即使发达国家无法再像 20 世纪那样大幅延长平均寿命，但为了让人们在渐成现实的超老龄社会中维持"体面的"生活，今后仍然需要大量的产品创新。因为在超老龄社会，医疗和护理方面自不必说，从住宅、交通、物流，乃至一个文具到整个城市，所有事物都必须改变。无论我们是否赞同，这些改变都只有通过经济增长才能实现。反过来说，各类产品的创新也正是推动发达国家经济增长的源泉。

日本的"劳动力人口"在 1998 年达到 6793 万人的顶点，随后开始下降，比"总人口"的减少提前了约 10 年。自那以后，虽然有一些年份由于女性进入劳动市场的比例增加等原因出现过劳动力人口增加的情况，但从长期来看，劳动力人口未来将以每年 0.6% 的速度持续下降。许多经济学家认为日本经济的"实力"，即"潜在增长率"只有 0.5%左右，但我认为，日本是有可能实现 1.5% 的实际经济增长的。为此，劳动生产率必须每年提升 2.0%。如果能够实现这一目标，"人均 GDP"以及"人均收入"便可以每年增长 2.0%。保持 2.0% 的增长速度，人均收入便可以在 35 年后翻番。这样的话，现在 30 岁的人的毕生收入将是现在 65 岁的人的 2 倍。

那么现实情况是怎样的呢？雷曼兄弟公司破产后不久，世界经济同时陷入萧条（Great Recession），除了增长率为 -5.5% 的 2009 年之外，2000 年至 2014 年的 14 年期间，日本劳动力人口的年均减少率是 -0.2，而另一方面，这 14 年期间的平均经济增长率是 1.3%。尽管人们普遍认为经济形势不好，但日本的劳动生产率却在以平均每年 1.5% 的速度提高。可见，劳动生产率年增 2% 并非不可能。

对了解经济学的人说到创新，很多人都会把它理解为供给侧的经济现象。对于经济"实力"，即"潜在增长率"的概念，标准的方法也是专门在供给侧考虑如何在未来尽可能增加劳动和资本。但正如本章详细介绍的，创新，尤其是创造新商品或服务的"产品创新"与"需求"存在密切联系。

现在的问题是，日本企业能开展贴合潜在需求的产品创新吗？35 年后的日本人很有可能拥有相当于现在的 2 倍的购买力。具有如此高的购买能力的他们究竟喜欢怎样的产品或服务呢？

我们谁都无法精确地知道超老龄社会是什么样的。不过，整个社会都将发生巨大变化这一点是确定无疑的。这将通过无数的大小创新来实现。可以说，收入水平较高，市场规模较大，并且面临着超老龄化课题的日本经济，为日本的企业提供了绝佳的"试验场"。我们经常听到有人说人口减少的日本国内市场没有未来，但对面向超老龄社会的创新来讲，日本经济蕴藏着巨大的潜力。

遗憾的是，现在的日本企业正在退化。图 4-4 显示了家庭、企业、政府等不同部门的储蓄，即收入与支出之间的差额的变化。如今企业已经超过家庭，成为日本经济最大的纯储蓄主体。资本主义经济原本不应该是这样的。

图 4-4　各部门储蓄与投资差额的变化（在 GDP 中所占比例）

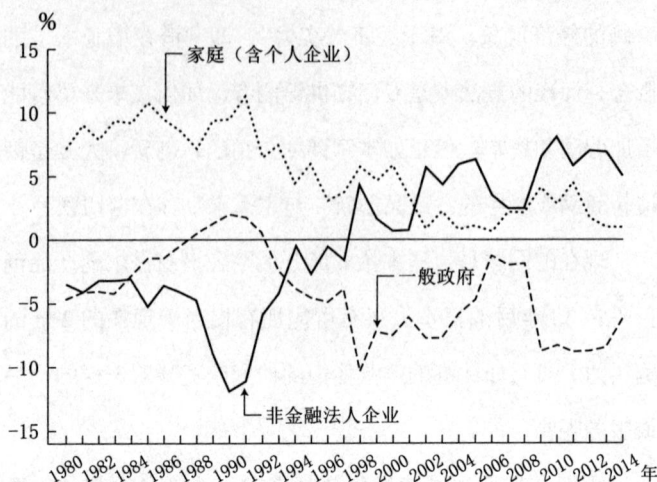

出处：日本内阁府《国民经济统计报告》，各制度部门的借
　　　出净额（＋）/ 借入净额（－）。
注：1980 年至 1993 年以 2000 年为基准，1994 年以后以
　　2005 年为基准。

　　过去的情况是，家庭储蓄更多，企业是负储蓄，即贷款
进行投资。现在，有很多企业觉得时代变了。但其实改变的
不是时代，而是企业。

　　熊彼特认为，对于创新者来讲，金钱上的收益自然重
要，但更重要的是实现自己关于未来的设想。凯恩斯也曾指
出，企业进行设备投资必须如同极地探险家罗尔德·阿蒙森
乘狗拉雪橇前往南极一样，最终靠的是"动物精神"，如果

丧失了健全的乐观主义，仅凭理性的计算，企业就会走向衰退。

日本经济的未来如何，取决于日本企业如何克服"人口减少悲观论"。

补论：基于 logistic 模型的经济增长过程

调查战后日本经济中各类产品的增长过程可以发现，在1973 年之后的约 10 年里，即在两次石油危机期间，增长都曾经出现中断，遭遇较大停滞。这是日本与美国的不同之处，无论是在石油危机之前，还是在石油危机之后，日本的商品增长均形成了清晰的 logistic 曲线。

接下来的内容稍微有些专业，不过我还是介绍一下。假设某商品的需求极限为 D*，在某个时点 t 的需求为 D_t，假设接近需求极限的比例 F 为

$F_t = D_t / D^*$

那么 F 的 logistic 增长可表示为：

$dF / dt = aF (1-F)$ 　　　$(a > 0)$

从这个公式可推导出，F（1-F）的对数值 logF（1-F）

图 4-5　对乙烯普及过程的 logistic 验证

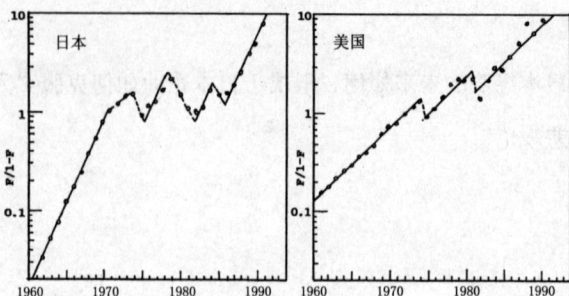

出处：弘冈（2003，p.41）。

图 4-6　粗钢、汽车、家电普及过程的 logistic 分析

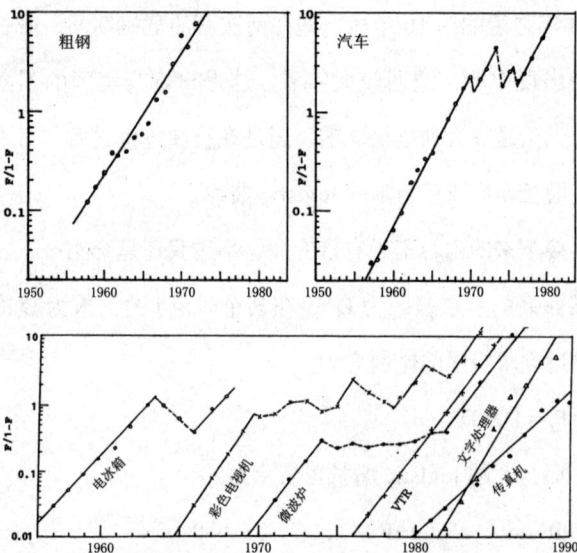

出处：弘冈（2003，p.46）。

与时间 t 的关系为斜率为 a 的直线。图 4-5 是弘冈（2003，p.41）绘制的乙烯增长图。正如前面介绍的，除了石油危机期间（1973—1985 年），在危机爆发之前和结束之后，logF（1-F）与时间 t 的关系都是直线。弘冈还指出，除乙烯以外的化学产品、钢铁、汽车以及各类家电等均呈现直线（2003，p.46）。可见，许多商品的增长都是符合 logistic 曲线的。也就是说，在某个节点之前，需求是呈指数函数式增长的，不过在迎来拐点之后，随着需求临近极限，增长率将趋向于零。因此，需求一定会达到饱和。

后　记

2016 年 6 月，日本公布了每五年一次的"国势调查"的 2015 年速报数据。相比上次 2010 年的调查结果，少子老龄化程度进一步加深。65 岁以上人口占总人口的比例为 26.7%，首次超过"每 4 人中有 1 个老人"的比例。这是主要发达国家中的最高值，超过急速老龄化的意大利（22.4%）和德国（21.2%）等。另一方面，日本 15 岁以下人口的比例为 12.7%，是历史最低值。现在，日本儿童的数量已经不足老年人数量的一半。

在这个背景之下，日本人口将继续减少。如果不采取任何措施，现有的 1 亿 2711 万人口预计将在 2065 年减少至 8100 万。对此，日本政府提出了维持 1 亿人口的目标。旨在进一步改善生育和育儿环境的"育儿支援"政策的确非常重要，但即使出生率提高，仅凭此也不可能实现"2065 年维持 1 亿人口"的目标。由于日本年轻女性的减少过于严重，即便每名女性的生育数量增加，也已经难以阻止人口减少的大趋势。

如果真的想阻止人口减少，关键是参照德国的选择，接受外来移民。本书没有涉及移民问题，但关于接受移民的问题，人们持有各种不同观点。最近，考古学和人类学研究已经阐明，在远古时期，有多个人种经由从北到南的各种路线，移居到了我们现在居住的日本列岛。学校的历史课告诉我们，在有了历史记录之后，仍有大量渡来人（归化人）将先进的大陆文化输入日本。21世纪的日本人可能需要重新回顾一下日本这个国家的形成轨迹。

正如本书第2章所介绍的，人口减少是日本面临的重要问题，但人口减少会导致经济难以增长的观点是不正确的。这是本书反复强调的一点，在现在的情况下，我们更应该想到熊彼特提出的革新的作用。

本书虽然微不足道，但也获得了很多人的帮助。我曾有幸参加2014年在内阁府召开的"选择未来"研讨会，会上的讨论使我受益匪浅，所以将当时得到的启发都写了下来。

在写作本书的过程中，资料收集等一切工作都得到研究室宫川修子女士的大力协助。另外，中央公论新社编辑部田中正敏先生也为我提出了许多十分准确的建议。在此，我向两位表示衷心的感谢。

　　对学者而言，每写一本书都是一个里程碑。我愿将这本小书献给去年与我一起迎来结婚 40 周年的爱妻节子、刚刚开启人生新旅程的女婿隆志和女儿桃子。

　　　　　　　　　　　　　　　　　吉川洋

参考文献

第 1 章

［1］青木和夫. 日本历史 3：奈良时代的都城. 中央公论社，1965 年.

［2］伊原弘、梅村坦. 世界历史 7：宋代与中央欧亚. 中央公论社，1997 年.

［3］克努特·维克塞尔. 桥本比登志译. 经济学讲义 I：一般理论（1901 年版）. 日本经济评论社，1984 年.

（克努特·维克塞尔著，解革译：《国民经济学讲义》，北京：商务印书馆，2017 年。）

［4］大内兵卫、有泽广巳、胁村义太郎、美浓部亮吉. 图说日本经济. 岩波新书，1955 年.

［5］加藤繁. 中国经济史概说. 弘文堂书房，1944 年.

［6］鬼头宏. 从人口解读日本历史. 讲谈社学术文库，

2000 年.

[7] 泽田吾一. 奈良时代民政经济的数据研究. 富山房, 1927 年. 再版, 柏书房, 1972 年.

[8] 土屋乔雄. 近世日本: 封建社会的历史分析. 御茶水书房, 1949 年.

[9] 长谷川真理子. 从生物进化学看少子化——为什么只有人类是特殊的. 学士会会报, 第 915 号, 2015-IV, 2015 年 11 月.

[10] 藤田菜菜子. 默达尔的经济学. NTT 出版, 2010 年.

[11] 贡纳尔·默达尔. 藤田菜菜子译. 福利、发展与制度. 密涅瓦书房, 2015 年.

[12] Anderson Michael, *Population Change in North-Western Europe,1750−1850*, London: Macmillan Education Ltd., 1988.

[13] Darwin Charles, *On the Origin of Species*, 1859. 渡边政隆译. 物种起源（上）. 光文社古典新译文库, 2009 年.

[14] Ho Ping-ti, *Studies on the Population of China,1368−1953*, Cambridge, Massachusetts, Harvard University Press, 1959.

[15] Keynes J.M., *The Economic Consequences of the*

Peace，London:Macmillan，reprinted as CWK，Vol. Ⅱ，1919. 早坂忠译. 和平的经济后果. 凯恩斯全集第 2 卷. 东洋经济新报社，1977 年.

［16］Keynes J.M.，"Alfred Marshall,1842-1924"，*The Economic Journal*，September，1924，also in his Essays in Biography，London: Macmillan，reprinted as Chapter 14 of CWK，Vol.X，pp.71-108,1924. 大野忠男译. 人物评传. 凯恩斯全集第 10 卷. 东洋经济新报社，1980 年.

［17］Keynes J.M.，"Thomas Robert Malthus"in his *Essays in Biography*，London: Macmillan，reprinted as Chapter 12 of CWK，Vol.X，pp.71-108,1933. 大野忠男译. 人物评传. 凯恩斯全集第 10 卷. 东洋经济新报社，1980 年.

［18］Keynes J.M.，*The General Theory of Employment, Interest and Money*，London:Macmillan，1936. 盐野谷祐一译. 就业、利息和货币通论. 东洋经济新报社，1995 年.

［19］Keynes J.M.，"Some Economic Consequences of a Declining Population"，*Eugenics Review*，April in CWK，London:Macmillan，Vol.XIV，pp.124-133,1937.

［20］Livi-Bacci Massimo，*A Concise History of World Population, 5th Edition.*，Chichester，UK，Wiley-

Blackwell，2012.速水融、斋藤修译.人口的世界史.东洋经济新报社，2014 年.

［21］Malthus T.R.，*An Essay on the Principle of Population*，1798.斋藤悦则译.人口论.光文社古典新译文库，2011 年.

［22］Petty William，*Political Arithmetic*，London，1690.大内兵卫、松川七郎译.政治算术.岩波文库，1955 年.

［23］Schumpeter Joseph A，*History of Economic Analysis*，New York:Oxford University Press，1954.东畑精一、福冈正夫译.经济分析的历史上中下.岩波书店，2005 年、2006 年.

［24］Smith Adam，*An Inquiry into the Nature and Causes of the Wealth of Nations*，1776.大河内一男监译.国富论 I Ⅱ Ⅲ.中公文库，1978 年.

［25］Toye J.，*Keynes on Population*，New York:Oxford University Press，2000.

第 2 章

［1］上田正夫，下河边淳，麓富夫，森田优三.新春座

谈会：从人口看日本的现状与未来.统计，1967 年 1 月号.

　　［2］富永健一.日本的近代化与社会变化.讲谈社学术文库，1990 年.

　　［3］增田宽也.地方的消亡.中公新书，2014 年.

　　［4］吉川洋.高速增长：改变日本的 6000 天.中公文库，2012 年.

　　［5］Brynjolfsson E.and A.McAfee，*Race Against the Machine*，Lightning Source Inc.，2011.村井章子译.与机器的竞争.日经 BP 社，2013 年.

　　［6］Piketty T.，*Capital in the Twenty-First Century*，Harvard University Press，2014.山形浩生、守冈樱、森本正史译. 21 世纪的资本.水篑书房，2014 年.

　　［7］Samuelson P.，"Ricardo wan Right！"，*Scandinavian Journal of Economics*，Vol.91，No.1，pp.47-62,1989.

第 3 章

　　［1］小椋正立、铃木玲子.日本战后（1950—1965 年）婴幼儿死亡率的下降. 1993 年. 收入综合研究开发机构，日美医疗体系比较研究（上）.

［2］内阁府. 选择的未来——人口预测显示的未来趋势. 日经印刷，2015 年.

［3］中谷宇吉郎. 老龄学. 花水木. 文艺春秋新社，1950 年. 收入：中谷宇吉郎随笔选集第 2 卷. 朝日新闻社，1966 年.

［4］夏目漱石. 日记. 1901 年. 收入：漱石全集第 13 卷. 岩波书店，1966 年.

［5］根岸龙雄、内藤雅子. 基于现状及其背景的 21 世纪医疗制度考察. 1987 年. 收入：宇泽弘文编. 医疗的经济学分析. 日本评论社.

［6］南亮进. 日本的经济发展. 东洋经济新报社，2002 年.

［7］村川坚太郎. 英国的衰退. 世界史第 6 卷. 每日新闻社，1954 年. 收入：村川坚太郎古代史论集 I. 岩波书店，1986 年.

［8］Brentano L，"The doctrine of Malthus and the Increase of Population During the Last Decades"，*Economic Journal*，Vol.20，No.79，pp.371-393，1910.

［9］Deaton A. *The Great Escape:Health,Wealth,and the Origins of Inequality*，Princeton Univ Pr.，2013. 松本裕译. 逃离不平等. 水篶书房，2014 年.

［10］Fogel R，*The Escape from Hunger and Premature*

Death, 1700-2100，Cambridge University Press,2004.

［11］Johanson S.R. and C.Mosk，"Exposure, Resistance an Life Expectancy: Disease and Death during the Economic Development of Japan, 1900-1960"，*Population Studies*，Vol.41，pp.207-235，1987.

［12］Maddison A.，*Monitoring the World Economy 1820-1992*，Paris: OECD, 1995.

［13］Peltzman S.，"Mortality Inequlity"，*Journal of Economic Perspectives*，Vol.23，No.4，pp.175-190，2009.

［14］Weil D.，"A Review of Angus Deaton's The Great Escape: Health, Wealth, and the Origins of Inequality"，*Journal of Economic Literature,* 2015，53（1），pp.102-114，2015.

第 4 章

［1］恩斯特·恩格尔.比利时工人家庭的生活费用（1895 年版）.森户辰男译.大原社会问题研究所编.统计学古典选集第 5 卷（再版）.第一出版，1968 年.

［2］科学 2004 年 12 月号."特辑：寿命".岩波书店.

［3］莎士比亚. 李尔王. 野岛秀胜译. 岩波文库，2000 年.

［4］橘木俊诏. 解读 21 世纪的资本主义. 宝岛社，2015 年.

［5］弘冈正明. 技术革新与经济发展. 日本经济新闻社，2003 年.

［6］本川达雄. 大象的时间、老鼠的时间. 中公新书，1992 年.

（本川达雄著，乐燕子译：《大象的时间，老鼠的时间》，海口：南海出版社，2010 年。）

［7］本川达雄. 生物文明论. 新潮新书，2011 年.

（本川达雄著，奚望监译：《生物文明论》，北京：海洋出版社，2015 年。）

［8］Fisher J.C. and R.H.Pry, "A Simple Substitution Model of Technological Change", *Technological Forecasting and Social Change*, Vol.3, 1971, pp.75-88.

［9］Huizinga J,*Homo Ludens*, 1938. 高桥英夫译. 游戏的人. 中央公论社，1963 年.

［10］Keynes J.M., "Economic Possibilities for Our Grandchildren" in his *Essays in Persuasion*, London: Macmillan, reprinted in CWK, Vol.IX. 预言与劝说. 凯恩斯全集第 9 卷. 东洋经济新报社，1981 年.

［11］Mandeville B., *Fable of the Bees*, 1714. 上田辰之助译. 蜜蜂的语言——自由主义经济的精髓. 新纪元社，1950年. 收入《上田辰之助著作集4》，水篶书房，1987年.

［12］Nordhaus W., "Traditional Productivity Estimates are Asleep at the（Technological）Switch", *Economic Journal*, September, 1997.

［13］Robertson D.H., "The World Slump", in Pigou, A.C. and D.H.Robertson, *Economic Essays and Addresses*, London:P.S.King & Son.

［14］Sombart W., *Liebe*, *Luxus and Kapitalismus*, 1912. 金森诚也译. 恋爱、奢侈与资本主义. 论创社，1987年.

图书在版编目（CIP）数据

人口与日本经济 /(日) 吉川洋著 ; 殷国梁, 陈伊人, 王贝贝译. -- 北京 : 九州出版社, 2020.9（2025.7重印）

ISBN 978-7-5108-9345-2

Ⅰ.①人… Ⅱ.①吉… ②殷… ③陈… ④王… Ⅲ.①人口经济学—研究—日本 Ⅳ.①C924.313.4

中国版本图书馆CIP数据核字(2020)第144250号

JINKO TO NIHON KEIZAI – CHOJU, INNOVATION, KEIZAISEICHO
BY Hiroshi YOSHIKAWA
Copyright ©2016 Hiroshi YOSHIKAWA
Original Japanese edition published by CHUOKORON–SHINSHA, INC.
All rights reserved.
Chinese (in Simplified character only) translation copyright © 2020 by Ginkgo
(Beijing) Book Co., Ltd.
Chinese (in Simplified character only) translation rights arranged with CHUOKO-RON–SHINSHA, INC. through Bardon–Chinese Media Agency, Taipei.

著作权合同登记号：01-2020-4603

人口与日本经济

作　　者	[日]吉川洋 著　　殷国梁　陈伊人　王贝贝 译
责任编辑	周　昕
封面设计	墨白空间·陈威伸
出版发行	九州出版社
地　　址	北京市西城区阜外大街甲35号（100037）
发行电话	（010）68992190/3/5/6
网　　址	www.jiuzhoupress.com
电子信箱	jiuzhou@jiuzhoupress.com.
印　　刷	天津中印联印务有限公司
开　　本	889 毫米 × 1194 毫米　　32 开
印　　张	6.75
字　　数	112.3 千字
版　　次	2020 年 11 月第 1 版
印　　次	2025 年 7 月第 13 次印刷
书　　号	ISBN 978-7-5108-9345-2
定　　价	36.00元